問題行動！
クラスワイドな支援から
個別支援へ

インクルーシブ教育システムの構築に向けて

関戸英紀　編著

大多和亮介・興津富成・田中 基・安田知枝子
江村大成・長澤正樹・佐々木一圭　著

川島書店

ま え が き

　教育委員会の依頼を受けて，学校，とりわけ小学校を訪問し，問題行動を示す児童に関する相談を受ける仕事を 10 年以上行ってきている。かつては問題行動を示す児童は学級に一人であった。しかし，近年は学級の複数の児童が問題行動を示し，その対応に学級担任は言うに及ばず，学年や学校全体が疲弊しているケースが増えてきている。また，学級担任自身も，問題行動を示していない児童に対して，もう少し手をかけたいと思っていても，そのための精神的，時間的な余裕がないのが現状であろう。なかには，このままいくと学級崩壊になりかねないケースも間々見受けられる。

　そこで，学級内に問題行動を示す児童が複数名いた場合でも，原則として担任一人で対応でき，しかも問題行動を示していない児童の望ましい行動も強化できる方法はないだろうかと考えていた矢先に出会ったのが，米国の多くの学校で実践されている 3 層モデルの考え方である（1 章参照）。

　しかしながら，言うまでもなく，米国と日本とでは教育制度も異なり，またスクールワイドな支援を行うためには，早急に校内支援体制を構築する必要がある。一方で，学級崩壊につながりかねない学級に対しては，速やかに支援を行うことが求められている。そこで，この 3 層モデルを援用して，「クラスワイドな支援から個別支援へ」という 2 層モデルを考案した。

　この 2 層モデルの考え方は，まだ仮説の域を出ていない。それでも学生たちと実践を積み重ねてきた結果，幼稚園・小学校・高等学校において 5 事例の実践研究を蓄積することができ，かつ一定の成果が得られた。また，本書では，併せて中学校でスクールワイドな支援を行った実践研究についても紹介する。

　折しも今年度から「障害者差別解消法」が施行された。また，わが国においても，インクルーシブ教育の構築という方向性が明示されている。このインクルーシブ教育では，「基礎的環境整備から合理的配慮へ」という考え方が根幹をなしている。残念ながら，今日までインクルーシブ教育を構築するための筋道は示されていないが，「クラスワイドな支援から個別支援へ」という考え方は，先のインクルーシブ教育の基本的な考え方と一脈相通ずるものであると捉えている。

　本書が，通常の学級に在籍している特別な教育的ニーズのある幼児児童生徒の学校（園）生活の充実ならびにそれを支援する教師に，いささかなりとも貢献できれば，そし

てわが国のインクルーシブ教育構築の一助になれば，幸甚である。

　なお，本書の刊行に際しては，川島書店の杉秀明氏に一方ならぬご尽力をいただいた。
ここに記して，感謝の意を表したい。

　2016 年 12 月 12 日

編者　関戸　英紀

目　　　次

1章　なぜクラスワイドな支援が必要なのか　1

1．通常の学級に在籍する問題行動を示す児童生徒…1

2．米国における3層モデルから各学級でできる2層モデルへ…2

3．クラスワイドな支援から個別支援へ…3

4．クラスワイドな支援を行うために―集団随伴性に基づいた支援…4

5．個別支援を行うために―機能的アセスメントに基づいた支援…5

6．インクルーシブ教育システムの構築…8

2章　クラスワイドな支援から個別支援への実際　11

〈幼稚園〉

1．問題行動を示す幼児に対するクラスワイドな支援

　　――非依存型集団随伴性と相互依存型集団随伴性の比較を通して――　12

　　Ⅰ.はじめに　Ⅱ.方法　Ⅲ.結果と考察　　コメント

〈小学校1〉

2．通常学級での授業参加に困難を示す児童への機能的アセスメント

　に基づいた支援　26

　　Ⅰ.はじめに　Ⅱ.方法　Ⅲ.結果　Ⅳ.考察　　コメント

〈小学校2〉

3．授業中に問題行動を示す小学校通常学級3年生に対する支援　45

　　Ⅰ.はじめに　Ⅱ.方法　Ⅲ.結果　Ⅳ.考察　　コメント

〈小学校3〉

4．通常学級に在籍する5名の授業参加に困難を示す児童に対する支援　63

　　Ⅰ.はじめに　Ⅱ.方法　Ⅲ.結果と考察　　コメント

〈中学校〉

5．中学校全体で取り組むユニバーサルな支援

　　――UP, UDL, CWSST の実践を通して――　74

　　Ⅰ.はじめに　Ⅱ.UP, UDL, CWSST について　Ⅲ.方法　Ⅳ.結果と考察

　　Ⅴ.実践における教職員の変化　　コメント

〈高等学校〉

6．特別な教育的ニーズのある定時制高校生に対する学習支援
　　──協同学習に相互依存型集団随伴性を組み合わせた介入の検討── ················· 96
　　Ⅰ．はじめに　Ⅱ．方法　Ⅲ．結果　Ⅳ．考察　Ⅴ．おわりに　　コメント

3章　まとめと今後の課題 ·· 115

用語解説 ·· 117

索引 ·· 122

1章　なぜクラスワイドな支援が必要なのか

関戸　英紀

1．通常の学級に在籍する問題行動を示す児童生徒

　2012 年に文部科学省から出された「通常の学級に在籍する発達障害の可能性のある特別な教育的支援を必要とする児童生徒に関する調査」によると，小中学校の通常の学級に，知的発達に遅れはないものの行動面で著しい困難を示す児童生徒が 3.6% の割合（推定値のため誤差がありうる）で在籍していることが明らかになった。これをもう少し詳しくみてみると，「不注意」または「多動性－衝動性」の問題（以下，「『不注意』等」とする）を著しく示す児童生徒が 3.1 %，「対人関係やこだわり等」の問題（以下，「『対人関係』等」とする）を著しく示す児童生徒が 1.1 % であった。

　この両者を学校種別・学年別にみると，表 1-1 のようになる。小中学校において，「不注意」等を示す児童生徒の割合は学年が上がるにつれて減少傾向にあるが，「対人関係」等についてはそのような傾向はみられないといえる。

　一方，秦ら［2009］は，通常の学級に在籍している問題行動を示す児童生徒に対する支援を扱った 77 本の研究論文を分析した。その結果，問題行動を頻度別にみると，逸脱（74.0 %），他傷・他害（44.2 %），奇声・大声（14.3 %），不登校・登校しぶり（5.2 %），こだわり（5.2 %），感覚過敏（3.9 %），自傷（0 %）の順に多かったことを報告している。

表 1-1　行動面で著しい困難を示すとされた児童生徒の学校種・学年別の割合（%）

	小 学 校				中 学 校			
	全体	1 年	4 年	6 年	全体	1 年	2 年	3 年
「不注意」等	3.5	4.5	3.5	2.7	2.5	2.9	2.7	1.8
「対人関係」等	1.3	1.5	1.2	1.3	0.9	0.8	1.0	0.9

この結果は，上記の小中学校の通常の学級において児童生徒が示す問題行動は，「対人関係」等よりも「不注意」等のほうが割合が高いという結果と一致している。

2．米国における3層モデルから各学級でできる2層モデルへ

米国においても，問題行動への対応は重要な課題である。これに対して，スガイとホーナー［Sugai & Horner, 2002］は，問題行動の「階層的な予防アプローチ」を提唱している。すなわち，このアプローチでは，介入を，①第一次予防的介入：全児童生徒，全場面を対象とした学校全体のシステムへの予防的介入，②第二次介入：リスクのある行動を示す児童生徒に特化した小集団システムへの介入，③第三次介入：リスクの高い行動を示す児童生徒個人に特化した個別システムへの介入の3段階に分けて実施する。その結果，第一次予防的介入によって80％の児童生徒に，第二次介入によって15％の児童生徒に，そして第三次介入によって残りの5％の児童生徒に適切な行動を獲得させることが可能になるという発想のもと，児童生徒の実態に応じて順次支援を厚くしていく（図1-1参照）。この3層モデルは，米国のすべての州で取り入れられており，しかも幼稚園から高等学校までの20,000以上の学校で実施されている。

しかしながら，米国とわが国では教育制度が異なる。また，この3層モデルを導入するにあたっては，この考えに基づいた校内支援体制を構築することが前提となるため，この3層モデルをそのままわが国の学校教育現場に導入することには慎重であらねばならないであろう。そこで，学級内に問題行動を示す児童生徒が複数名いた場合でも，基本的に，

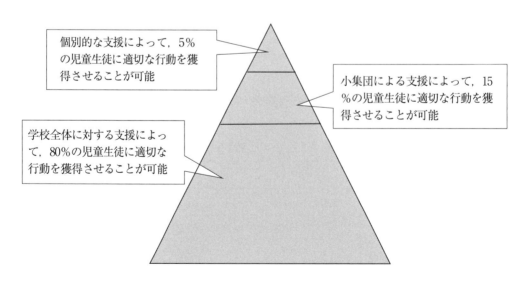

図1-1　問題行動の階層的なアプローチ［Sugai & Horner, 2002を改変］

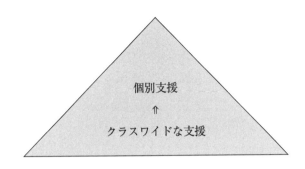

図1-2 クラスワイドな支援に基づいた2層モデル

　学級担任（以下，「担任」とする）が1人で対応でき，しかも担任にとって負担の少ない支援方法として，3層モデルを援用した図1-2のような2層モデルを提案したい。この2層モデルでは，学級内に（複数名の）問題行動を示す児童生徒がいた場合に，まずは「クラスワイドな（学級の全児童生徒を対象とした）支援」を行う。そして，それだけでは適切な行動を獲得できなかった児童生徒がいた場合に，「個別支援」を行うことになる。

3. クラスワイドな支援から個別支援へ

　クラスワイドな支援を行うためには，まず，特定の児童生徒が示す問題行動を含め，学級の全児童生徒にとって課題となる行動をアセスメントする。次に，その行動を向社会的な行動（社会に受け入れられる行動）に置き換え，学級の全児童生徒に共通する目標として設定し，学級全体で支援を進めていく。たとえば，学級内に授業中離席をする児童生徒がいた場合に，「授業中離席をしない」というように問題行動を禁止することを目標として設定するのではなく，「授業中席を立つときは担任に断る」というように向社会的な行動に置き換えて目標を設定する。この場合，可能であれば，学級の全児童生徒が目標の設定にかかわれることが望ましい。というのも，児童生徒にとっては，教師から与えられた目標よりも，自分たちで話し合って決めた目標のほうが，目標の達成に向けた動機づけが高まるからである。そして，一定期間クラスワイドな支援を行っても目標の達成が困難であった児童生徒がいた場合に，個別支援を行うことになる。

　それでは，クラスワイドな支援を行うことによってどのような成果が期待されるのであろうか。以下の5点が考えられる。

(1)（後述する）「注目の要求」の機能をもつ問題行動が起きることを予防できる。
(2) 学級内に問題行動を示す児童生徒が複数名いた場合でも，同時に支援を行うことが可能なため，担任の負担を軽減できる。

(3) 個別支援を必要とする児童生徒を，結果的にスクリーニングすることができる。このことは，取りも直さず個別支援に対する担任の負担の軽減にもつながる。
(4) 目標とした行動を未獲得の児童生徒はそれを獲得することができる。一方，すでに目標とした行動を獲得している児童生徒はそれを意識的に実行することによって，担任から強化[†]を受けることができる。
(5) 学級のマネジメントが機能していれば，個別支援もより効果的に作用する。

4．クラスワイドな支援を行うために—集団随伴性に基づいた支援

クラスワイドな支援を行う際に用いる方法が，「集団随伴性」である。集団随伴性とは，集団全員，またはある特定のメンバーの目標の達成の度合い（遂行結果）に応じて，集団のメンバーに強化が与えられることをいう。

集団随伴性は，図1-3に示すように，3つのシステムに分類される。

第1の「非依存型集団随伴性」は，集団の全員に対して同じ強化が適用されるが，それは各人の遂行結果に基づいて決定され，集団内の他のメンバーの遂行結果は各人が強化を受けることに影響を与えない。したがって，集団に非依存的である。たとえば，漢字テストで80点以上の得点を獲得できた者だけに，5分間の休み時間が与えられるという場合がこれにあたる。

次の「相互依存型集団随伴性」は，集団の全員に対して同じ強化が適用され，集団全体の遂行結果によって全員の強化が決定される。つまり，各人が強化を受けられるかどうかは集団の遂行結果に依存する。上記の例に倣えば，漢字テストの学級の平均点が80点以上ならば，学級の全員に5分間の休み時間が与えられるということになる。この場合，集団の規模を学級全体にすることもできるが，4〜5人からなる小集団にすることも可能である。

最後の「依存型集団随伴性」は，ある特定の集団のメンバー（1人または数人）の遂行

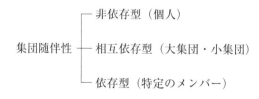

図1-3　集団随伴性の3つのシステム

[†]：巻末「用語解説」参照，以下同様。

結果によって，集団全員が強化されるかどうかが決まる。すなわち，集団内の各人の強化は，選出されたメンバーの行動遂行に依存している。上記の例でいうと，漢字テストにおいて，Aさん（あるいはA・B・Cさん）の点数が80点以上であれば，学級の全員に5分間の休み時間が与えられることになる。

　この集団随伴性を用いることによって，①1人の教師が，同時に複数の児童生徒の行動変容に対応することができる，②集団内の肯定的な相互交渉が促進される，という成果が期待される。しかし，その一方で，目標を達成できなかった児童生徒が，批判の対象にされるという負の副次的効果をもたらすことも考えられる。これを防ぐためには，①対象となる児童生徒に目標の遂行能力があることをアセスメントしておく，②集団随伴性のシステムについて対象となる児童生徒全員が完全に理解していることを確認する，③児童生徒間の関係に注意を払う，④集団の平均点を遂行結果として相互依存型集団随伴性を用いる場合は，各人（特に平均点に達していない児童生徒）の遂行結果を定期的にチェックするなどの配慮が求められる［小島，2000］。

5．個別支援を行うために―機能的アセスメントに基づいた支援

　問題行動といわれる行動は，対象となる児童生徒の周囲の人（教師や保護者）にとっては，困った行動・厄介な行動として受け止められがちである。しかし，その行動はある機能をもっている。すなわち，問題行動には，①注目の要求，②物や活動の要求，③（困難な課題や状況などからの）逃避，④自己内部の刺激（たとえば，体を前後に揺することによって得られる運動感覚刺激）の獲得の4つの機能のうちのいずれかがあると考えられている。

　この機能の分析方法とそれに基づいた支援方法について以下に説明していく。

　(1) 記録を取る

　問題行動を具体的に（観察と測定が可能なことばで）定義する。そして，その〈行動〉がどのような状況で起こったか〈きっかけ〉，またその行動が起こった直後に周囲の人たちがどのような対応をしたか〈結果〉について客観的に記録する。さらに，《環境的な要因》についても情報を集める。環境的な要因とは，問題行動の直接的なきっかけとはならないが，対象児童生徒の特性や彼らの環境あるいは日常日課の中で問題行動が起こりやすい状況を作り出す事柄などをいう。その例として，寝不足である，朝食を食べてこなかった，基礎的な対人関係スキルや学力が身についていない，日課に変更があったなどがあげられる。

　(2) 機能的アセスメントを行う

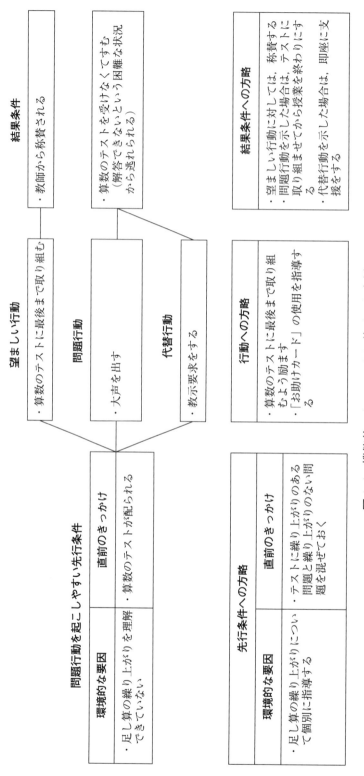

図1-4 機能的アセスメントに基づいた支援

たとえば，算数の授業中に大声を出すという問題行動を示すA児の記録を取り，上記の枠組みで整理をしたところ，《足し算の繰り上がりを理解できていない》→〈算数のテストが配られる〉→〈大声を出す〉→〈算数のテストを受けなくてすむ（解答できないという困難な状況から逃れられる）〉という関連性が明らかになったとする。この場合，大声を出すという行動は，困難な状況から逃れられるという結果によって強化・維持されていることから，この行動は前述の「逃避」の機能をもっていると推定される。このように，問題行動のもつ機能を，〈きっかけ〉−〈行動〉−〈結果〉の三項関係から推定することを「機能的アセスメント」という。

（3）適切な行動を特定する

問題行動を減らすことと同時に，適切な行動を増やすことを目標とする。そのために，A児に本来ならば行ってもらいたい適切な行動である「望ましい行動（算数のテストに最後まで取り組む）」と社会的に適切で，しかも問題行動と同じ機能をもつ（同じ結果をもたらす）「代替行動（教示要求をするなど）」を特定する。この場合，望ましい行動の形成を長期目標，代替行動の形成を短期目標と考えればよい。

（4）環境的な要因の見直しをする

A児に適合するように環境を調整したり，必要なスキルを指導したりする（足し算の繰り上がりについて個別に指導する）。

（5）きっかけの見直しをする

きっかけがあるからA児は問題行動を示すのである。したがって，そのきっかけを除いたり，修正したりすること（テストに繰り上がりのある問題と繰り上がりのない問題を混ぜておくなど）によって，A児は問題行動を示さなくなると考えられる。

（6）代替行動を指導する

問題行動と同じ機能をもつ新たなコミュニケーション行動を形成する（提示すると支援を受けられる「お助けカード」を使用することを指導するなど）。なお，代替行動の指導は，A児が問題行動を示していないときに行うようにする。

（7）結果の見直しをする

A児が，望ましい行動を示した場合は称賛する。代替行動を示した場合には，即座に支援をする。一方，A児が問題行動を示した場合には，これまで行ってきた強化をやめる。すなわち，「逃避」の機能をもつ大声に対してテストを取り下げることは，結果的に大声を出す行動を強化することになる。そこで，この場合は，A児にテストに取り組ませてから授業を終わりにすることが求められる。

（4）〜（7）の包括的な支援を行い，そのうちのいずれかが作用すれば，A児の問題行動が減少していくと考えられる。上述したことを整理すると，図1-4のようになる。

6．インクルーシブ教育システムの構築

　2014年に「障害者の権利に関する条約（障害者権利条約）」が批准された。その24条教育において，インクルーシブ教育が次のように説明されている。

　インクルーシブ教育システムとは，人間の多様性の尊重等を強化し，障害者が精神的および身体的な能力等を可能な最大限度まで発達させ，自由な社会に効果的に参加することを可能にするという目的の下，障害のある者と障害のない者が共に学ぶ仕組みである。そして，障害のある者が教育制度一般から排除されないこと，自己の生活する地域において初等中等教育の機会が与えられること，個人に必要な「合理的配慮」が提供されること等が必要とされる。

　また，合理的配慮については，「共生社会の形成に向けたインクルーシブ教育システム構築のための特別支援教育の推進（報告）」［中央教育審議会初等中等教育分科会，2012］において，合理的配慮とは，「学校の設置者及び学校が必要かつ適当な変更・調整を行うことであり，個別に必要とされるものである。学校の設置者及び学校に対して体制面，財政面において，均衡を失したまたは過度の負担を課さないもの」と定義されている。なお，合理的配慮の基礎となる教育環境の整備を「基礎的環境整備」と呼んでいる（図1-5参照）。

　これらを受けて，2016年4月から「障害者差別解消法」が施行され，障害のある児童生徒に対する支援・配慮が，国公立学校には義務付けられ，私立学校にも努力義務として課せられるようになった。しかしながら，冒頭で述べたように，小中学校の通常の学級に，行動面で著しい困難を示す児童生徒が3.6%の割合で在籍していることから，障害の有無にかかわらず，通常の学級に在籍している特別な教育的ニーズのある児童生徒に対しても同様の対応が望まれる。

　一方，ここで問題となってくることは，問題行動を示す児童生徒に対する基礎的環境整

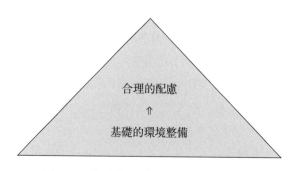

図1-5　合理的配慮と基礎的環境整備

備と合理的配慮とは何かということである。この問いに対するキーワードが，クラスワイドな支援と個別支援である。すなわち，「クラスワイドな支援から個別支援へ」という考え方に基づいた支援を行うことは，「基礎的環境整備から合理的配慮へ」という方向性に基づいた支援を行うことに通ずるといえよう。したがって，図1-2と図1-5は重ね合わせることができるのである。

〔文献〕

中央教育審議会初等中等教育分科会（2012）共生社会の形成に向けたインクルーシブ教育システム構築のための特別支援教育の推進（報告）.

秦 基子・井上雅彦・野村和代・佐野基雄・石坂 務（2009）行動問題に対する教育現場での効果的技法に関する文献研究Ⅱ─通常学級における行動問題への支援とその効果─．日本特殊教育学会第47回大会発表論文集，474.

小島 恵（2000）発達障害児・者における集団随伴性による仲間同士の相互交渉促進に関する研究の動向．特殊教育学研究，38, 79-84.

文部科学省（2012）通常の学級に在籍する発達障害の可能性のある特別な教育的支援を必要とする児童生徒に関する調査.

Sugai, G. & Horner, R.（2002）The evolution of discipline practices：School-wide positive behavior supports. *Child & Family Behavior Therapy*, 24, 23-50.

2章　クラスワイドな支援から個別支援への実際

　本章では，幼稚園・小学校・中学校・高等学校において行われた，下記のクラスワイド（スクールワイド）な支援の実際を紹介する。

〈幼稚園〉
　1．問題行動を示す幼児に対するクラスワイドな支援
　　　　──非依存型集団随伴性と相互依存型集団随伴性の比較を通して──

〈小学校1〉
　2．通常学級での授業参加に困難を示す児童への機能的アセスメントに基づいた支援

〈小学校2〉
　3．授業中に問題行動を示す小学校通常学級3年生に対する支援

〈小学校3〉
　4．通常学級に在籍する5名の授業参加に困難を示す児童に対する支援

〈中学校〉
　5．中学校全体で取り組むユニバーサルな支援
　　　　──UP, UDL, CWSST の実践を通して──

〈高等学校〉
　6．特別な教育的ニーズのある定時制高校生に対する学習支援
　　　　──協同学習に相互依存型集団随伴性を組み合わせた介入の検討──

《幼稚園》

1. 問題行動を示す幼児に対するクラスワイドな支援
──非依存型集団随伴性と相互依存型集団随伴性の比較を通して──

大多和　亮介

I. はじめに

2007年度に文部科学省より示された「特別支援教育の推進」に関する通知においては，小学校・中学校・高等学校のみならず，幼稚園においてもその重要性が位置づけられることになった。幼児にとって初めての集団生活の場となる幼稚園は，その時期に対人関係や社会性における特徴的な困難さが目に見えて顕在化することも多いため，生涯にわたる特別支援教育の入口として担うべき役割は今後ますます大きくなっていくであろう。

幼稚園における特別支援教育について，平澤ら［2011］が全国の公立幼稚園を対象に行った調査によると，障害の診断のある幼児の在籍率は2.3%で，補助の指導者がつく，外部機関から助言を得る等の支援に加え，医療機関や障害児通園施設に定期的に通っている幼児も少なくなかった。一方，診断のない，いわゆる気になる幼児の在籍率は3.0%で，こうした幼児への支援は担任だけで行われている場合が多く，相談機関等に通っていない割合も高かった。特別なニーズのある幼児の中には，人や物に対して極めて衝動的・攻撃的な行動をとる，状況に合わせた感情のコントロールが著しく困難といった課題をもった幼児もおり［丹葉ら，2011］，そうした幼児を含む学級全体を，補助の教員が加配されることなく，一人で担当することになる現場の教員にとっては，日々悩みが尽きないのではないだろうか。筆者が勤める私立幼稚園においても，平成28年度4月現在で，障害の診断のある幼児が257名中8名在籍しているが，自治体の補助，専門機関との連携，教員の加配など，障害児のペースや特徴を踏まえながら，無理なく生活や遊びの充実が図られるよう統合保育が進められている。しかし，まだ診断のない，もしくは今後診断がつく可能性のある幼児も各学年に2～3名在籍しており，その対応は日々試行錯誤の連続である。担任がその幼児への対応に追われるあまり，他児との関わりが十分にもてず学級がまとまらない，本来集中して活動に取り組めるはずの幼児も問題行動を示す幼児に追随してしまう，幼稚園での姿について保護者の理解が得られず専門機関とも連携できないなど，現場

にはさまざまな課題が生じているといえる。

　幼稚園や保育所におけるこうした課題に対してこれまで蓄積されてきた研究や実践としては，まずは機能的アセスメントに代表される応用行動分析学に基づいた支援が挙げられる［平澤，2001；野呂ら，2005；丹葉ら，2011］。これらの先行研究においてはその具体的な成果が報告されているものの，いずれも専門的な外部機関からの支援や対象児への個別支援が前提となっているため，保育現場における利用可能性，担任や園全体の負担については課題が残されている。

　一方，近年，小学校の通常学級において問題行動を示す児童に対して，第一次介入として集団随伴性に基づいたクラスワイドな支援を行い，それだけでは問題行動に改善がみられなかった児童に対して，第二次介入として個別支援を行う階層的な支援が実施され，その成果が蓄積されてきている［Kamps et al., 2011；関戸・田中，2010；関戸・安田，2011；大久保ら，2011］。このクラスワイドな支援は，学級の全児童に対して同時に支援を行うため，担任の負担を軽減できる点で効率的な方法である。また，その利点として，関戸・田中［2010］，関戸・安田［2011］は，①問題行動を示す児童に追随する児童が現れることを防げる，②学級内に問題行動を示す児童が複数名いた場合でも対応が可能である，③クラスワイドな支援で問題行動に改善がみられなかった児童を対象に個別支援を行うというスクリーニングの機能をもつ，④学級の全児童の適切な行動の生起率を高められる，の4点をあげている。

　関戸・安田［2011］は，授業中離席をする・板書をノートに写さない等の問題行動を示す児童が5名在籍している小学校4年の通常学級に対して，当該の児童の授業参加行動の改善を目指して，第一次介入としてクラスワイドな支援を，それだけでは授業参加行動に改善がみられなかった1名の児童に対して第二次介入として個別支援を行ったところ，対象児全員の授業参加行動に改善がみられ，しかも学級の他の児童の話の聞き方においても改善がみられたことを報告している。

　集団随伴性には，集団全員の行動によって集団全体に強化が与えられる「相互依存型集団随伴性（以下，「相互依存型」とする）」，特定の個人の行動が集団への強化に影響する「依存型集団随伴性（以下，「依存型」とする）」，個々の行動に対し個別に強化される「非依存型集団随伴性（以下，「非依存型」とする）」がある［Litow & Pumroy, 1975］。先行研究ではこの分類に基づいて効果の差異も検討されており，おおむね相互依存型が有効であるといわれている［小島・氏森，1998］。しかし，集団随伴性には，仲間同士の相互交渉が促進され，各自の自立を促し合うというメリットがある反面，強化子の獲得を目指すあまりに互いが強制的な言動になってしまうなどの負の副次的効果をもたらすことも指摘されている［Alberto & Troutman, 1999］。若林・加藤［2012］は，発達障害のある高校

生を含んだ学級のグループ学習場面に介入し，課題達成行動の生起に対して非依存型および相互依存型が与える影響について検討したところ，非依存型および相互依存型の適用は，発達障害のある高校生を含めた学級全体の課題達成行動の生起に影響を与えたが，両者間に差異がみられなかったことを報告している。

　以上のことから，集団随伴性に基づいたクラスワイドな支援は，担任に大きな負担をかけることなく学級全体の問題行動の改善を可能にする方法であると考えられるが，これまで幼稚園や幼児を対象にこの方法を適用した研究は見当たらない。また，幼児を対象に集団随伴性を適用した場合も，相互依存型がもっとも有効であるか否かについては明らかにされていない。そこで筆者は，自閉症スペクトラム障害児を含む3名の問題行動を示す幼児が在籍する幼稚園の年長学級において，集団随伴性に基づいたクラスワイドな支援を行い，その結果から支援方法の有効性と妥当性について検討した。そして幼児を対象に集団随伴性を適用した場合も，相互依存型が非依存型よりも有効であるか否かについても併せて検討したので，その内容を紹介したい。

Ⅱ．方法

1．対象児と学級の状況

1）対象児
　対象児は，統合保育を基本とする私立幼稚園の年長学級に在籍する男児（以下，「A児」とする）。研究開始時に5歳6か月であった。3歳のときに，地域の療育機関で自閉症スペクトラム障害の診断を受け，年長に進級した年度から毎週火・木は地域の療育機関に通っていた。乳幼児発達スケール（スケール実施時5歳6か月）の結果は，運動2歳7か月，操作1歳7か月，理解言語5歳6か月，表出言語3歳4か月，概念3歳8か月，対子ども社会性3歳11か月，対成人社会性3歳8か月，しつけ3歳3か月，食事1歳1か月，総合発達年齢3歳2か月であった。なお，数字やアルファベットには関心を示していた。

　日常生活では2語文での言語表出が可能であり，言語指示もほぼ理解できた。しかし，他児とのかかわりの中で年齢相応のやりとりがなく出し抜けにぶったり，他児が使っている遊具等を奪ったりすることがあったため，しばしばトラブルが生じた。着脱衣や排せつは自立していたが，手洗いや排せつの際に列の最後尾に並んで順番を待つことができなかった。遊びは一人遊びが中心で，パニックになると砂などを口に入れる異食がみられた。朝の会や帰りの会等が始まっても遊びをやめて保育室に戻ることができず，また保育室に

入った後も指定された席や場所（床等）に座って教師の話を聞くことが困難であった。これらのことから，年少時から毎日補助教師が1名つき，個別支援を受けていた。担任は，A児のそのときの状況や意思を考慮しながら，可能な範囲で学級活動や行事に参加させていた。

2）学級の状況

A児の学級には，A児を含め29名が在籍していた。

A児は学級集団を離れて補助教師と過ごす時間が多かったため，A児の特性に対する他児の理解が深まらなかった。それゆえに，A児が他児からからかわれることや逆にA児が他児の活動を妨害してしまうことなどもあり，A児と他児との関係は良好とはいえない状態であった。また，A児以外にも2名の幼児に特別な配慮を要する問題行動がみられた。

B児は教師の指示や状況の理解が優れており，遊びも積極的に行っていたが，自分の思惑どおりにならないと教師に隠れて他児をつねる，遊びや他児とのやりとりを中断して一人で保育室から出て行く，保育室の隅でうずくまるなどの行動がみられた。

C児は状況の理解や他児とのコミュニケーションに困難があり，学級全体で行う活動に参加できないときには保育室内を歩き回ることがあった。また，他児が嫌がっているにもかかわらず，キスをして回るなどの行動もみられた。

担任は，教職経験4年目の女性教師であった。これまで，発達障害のある幼児を受けもった経験はあったが，年長学級を受けもつのは初めてであった。学級経営に加え，A児・B児・C児の問題行動への個別対応に多くの時間を割いていた。また，前述したように非常勤の教師3名のうち1名が，曜日によってA児の学級に毎日加配された。主としてA児が学級での活動に参加せずに他児と離れて過ごすとき，ハサミなどを使った製作活動に取り組むとき，遊びの中で他児とトラブルが生じたとき，運動会等行事に向けた練習を行うときなどに個別支援を行った。しかし，A児が支援を必要としない場面では，担任と連携をとりながらA児から離れて見守るようにした。

2．支援の手続き

1）標的行動の設定

次に，支援を進める上でもっとも重要になる標的行動の設定，つまりどういった行動を増やしていくことを目指すかについて述べる。標的行動の設定で大前提となるのは，A児が幼稚園や学級のなかで，より安心して，充実した生活や遊びを進めていくことができ

るようにという視点であり，クラス運営のしやすさといった教師の都合ではなく，あくま
で A 児自身を中心に考えるべきものである。また，適切な標的行動を定めるためには，
A 児の日頃の様子を細かく観察，記録するアセスメントを通して，客観的な幼児理解を
得なければならない。そうした観点のもと，担任や園長との協議，そして日々の保育の文
脈との適合性（contextual fit）［Albin et al., 1996］を検討した結果，A 児に対する標的
行動として次の4つを設定した。

①朝の会・帰りの会で指定された席や場所に座り，教師や他児の話を聞く（以下，「学
　級参加」とする）。

②遊びの場面において他児に対する要求・拒否を音声言語によって表出する（以下，
　「コミュニケーション」とする）。

③定時排せつ時に列の最後尾に並び，自分の順番が来るまで待つ（以下，「整列」とす
　る）。

④遊びや活動の切り替え時に，教師の示した時刻（長針が 12 など）に保育室へ戻る
　（以下，「切り替え」とする）。

2）支援の実際

A 児への支援は，ベースライン期†Ⅰ（以下，「BL 期Ⅰ」とする），支援期Ⅰ，ベース
ライン期Ⅱ（以下，「BL 期Ⅱ」とする），支援期Ⅱ，プローブ期†という順に進めた。

BL 期Ⅰでは，A 児および他児が標的行動を示した場合には，担任や補助教師が言語称
賛を行った。A 児の行動が他児とのトラブルをもたらした，あるいはその恐れがあると
判断された場合には，担任や補助教師はこれまでと同様の個別支援を行った。なお，支援
期においても，A 児および他児に対しては上記の対応を行った。

支援期Ⅰでは，非依存型が相互依存型よりも手続きが明快であることから，最初に非依
存型を適用した。帰りの会の中で，1 日の生活を振り返り，標的行動を達成できたかどう
かを担任が各幼児に問いかけた。取り上げる標的行動は，4 つの中から担任がランダムに
1 日 1 つを選定し，4 日間で全標的行動の評価ができるようにした。達成できたかどうか
は自己評価とし，達成できた幼児には，おたより帳を返却するときに担任がシールを与え，
さらにハイタッチをして言語称賛をした。また，シールが 4 枚たまったときに，幼児を両
手で持ち上げる「たかいたかい」を行った。介入の初期には整列等の達成に困難を示す幼
児がいたため，担任が各標的行動を具体的に示した紙芝居を学級全体に対して 3 回見せる
など，細かくフォローを行った。

しかし，運動会が終わったころから学級全体に落ち着きがなくなり，トラブルも増え始
めた。また，A 児がシールに関心を示さなくなり，学級参加生起率・コミュニケーショ

ン表出数・切り替え合計得点に下降がみられたため，支援の切り替え時期であると判断し，BL期Ⅱに移行した。

BL期Ⅱでは，A児および他の幼児に対してBL期Ⅰと同様の対応をした。

支援期Ⅱでは，新たに「おいもパーティ」の活動に取り組むことになったのを機に，非依存型に替えて相互依存型を適用した。帰りの会の中で，1日の生活を振り返り，標的行動を達成できたかどうかを担任が4～5名からなる各グループ（全6グループ）に問いかけた。支援期Ⅰと同様に，取り上げる標的行動は，4つの中から担任がランダムに1日1つを選定し，4日間で全標的行動の評価ができるようにした。達成できたかどうかは自己評価とし，全員が標的行動を達成できたグループには折り紙で作製した輪飾りを与え，保育室の壁にグループごとにそれを掲示した。輪飾りについては，ゲーム形式である「いかりをおろせ（Anchor the Boat）」[†][Lohrmann & Talerico, 2004]の介入手続きを参考にし，幼児にとって強化価の高い強化子という観点から担任と協議のうえで決定した。輪飾りが5個連なったグループは，毎日全園児が集まる朝の体操の時間に園長から称賛を受けた。なお，担任が達成基準を満たしていないと判断したグループには輪飾りを与えなかったが，はじめからあまり基準を厳しく設定してしまうと，A児の所属するグループが強化を受けられず，そのためにA児が他児から批判されてしまうという集団随伴性の負の副次的効果が懸念されたため，また他のグループのモチベーション低下も懸念されたことから，支援開始当初は，担任が達成基準を適宜調整し，すべてのグループが早い段階で一度は強化を受ける経験ができるようにした。

プローブ期では，A児および他の幼児に対してBL期Ⅰ・BL期Ⅱと同様の対応をした。

3．標的行動の評価と達成基準

学級参加については，朝の会・帰りの会の計20分間において30秒のタイムサンプリング法[†]を用いて学級参加生起インターバル数を測定し，次の数式によって生起率を算出した。なお，A児は週に3日間登園することから，達成基準を80％以上の生起率が3日間連続でみられた場合とした。

学級参加生起率（％）＝学級参加生起インターバル数／全インターバル数×100

コミュニケーションについては，遊びの時間の60分間において事象記録法[†]を用いて，音声言語による要求・拒否の表出回数を測定した。なお，支援期Ⅰの最大値が5回であったことから，達成基準を5回以上の要求あるいは拒否の表出が3日間連続でみられた場合とした。

整列については，1日の中で，10時頃，11時頃，12時頃の計3回測定した。各測定機

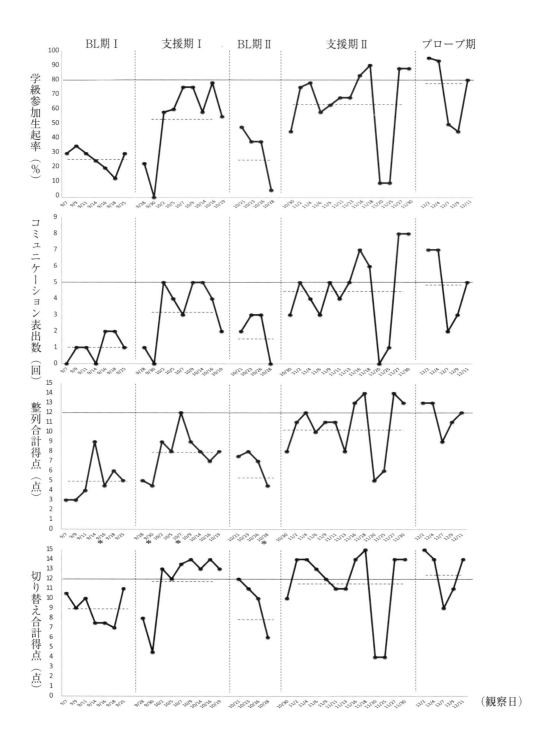

……(点線)は各期の平均値．—(実線)は各標的行動の達成基準値．＊は測定機会が2回のみであった日．
9/30，10/28，11/20は誕生会が行われた．

図2-1-1　標的行動の習得過程

会における A 児の行動を，①自発的に標的行動が生起した，②担任・補助教師の注視や他児の行動モデルによって標的行動が生起した，③担任・補助教師や他児からの声かけ・注意によって標的行動が生起した，④担任・補助教師による身体的支援によって標的行動が生起した，⑤支援を受けても標的行動が生起しなかった，の 5 段階で評価した。そして，上記の①～⑤に対して 5～1 点の得点を与え，3 回の測定機会の合計得点を算出した。ただし，日課の変更等により 2 回しか測定できなかった場合（支援期間中に 4 日あった）には，2 回分の合計得点を 1.5 倍した。なお，達成基準を 12 点以上の合計得点が 3 日間連続でみられた場合とした。

切り替えについては，1 日の中で，11 時頃，12 時頃，13 時 20 分頃の計 3 回測定した。各測定機会における A 児の行動を，整列と同様の評価基準で評価して得点を与え，3 回の測定機会の合計得点を算出した。なお，達成基準を 12 点以上の合計得点が 3 日間連続でみられた場合とした。

また，担任による学級評価も行った。A 児・B 児・C 児を含む学級全体の 1 日の活動の様子と保育計画の月ごとのねらいの達成度について，とても良かった（5 点）・良かった（4 点）・どちらともいえない（3 点）・あまり良くなかった（2 点）・良くなかった（1 点）の 5 段階で担任が毎日評定した。担任による社会的妥当性の評価では，支援終了後，平澤・藤原［2001］を参考にして，全体的手続き，A 児の変容，学級の変容に関する 14 項目について，担任に上記（2）と同様の評価基準で評定を依頼した（表 2-1-1 参照）。園長・補

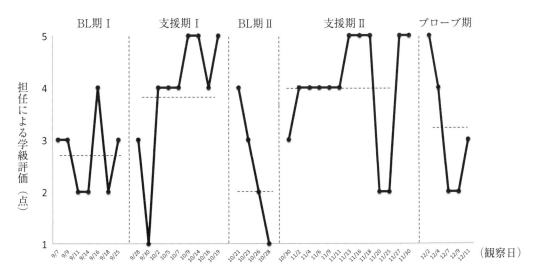

……（点線）は各期の平均値．9/30，10/28，11/20 は誕生会が行われた．

図 2-1-2　担任による学級評価

表 2-1-1　担任による社会的妥当性の評価

項　　目	評価（点）	理　　由
〈全般的手続き〉		
・アセスメント	4	客観的に幼児理解を見直せた一方，先入観となってしまった部分もある
・標的行動	4	コミュニケーションについては定義が難しかった
・手続き	5	特に負担感はなかった
・クラスワイドな支援	5	複数の幼児，学級全体に非常に有効で，手応えがあった
・強化子	4	担任以外による称賛方法については難しいときもあった
・記録	4	補助教師がA児以外のトラブル介入時に記録がとれないときがあった
・その他	4	自分の学級だけの試みという点で，学年全体との調整が難しかった
〈A児の変容〉		
・朝の会	5	通園方法（バス，母の送迎）にかかわらず，落ち着いてスターをきれるようになった
・好きな遊びの時間	5	他児との関わりが増え，遊びの内容も充実した
・クラスでの活動の時間	4	意欲的に取り組むことが増えた
・帰りの会	5	疲労感のあるときでも，寝転ぶことはなくなった
・行事	4	基本的に他児と同じ内容を行い，補助教師が個別でつく時間も減った
〈学級の変容〉		
・A児と学級の関係	5	相互作用が増え，A児の姿を学級全体が自然に受け止めるようになった
・A児以外の幼児の問題行動	5	他児による働きかけが増え，途中で保育室からいなくなることがなくなった

評価の段階は次のとおりである．5点：とても良かった，4点：良かった，3点：どちらともいえない，2点：あまり良くなかった，1点：良くなかった．

助教師・母親による支援の評価では，支援終了後，園長・補助教師3名・母親に対してインタビューを行い，A児の変容，A児に対する自分の捉え方・かかわり方の変化，支援全体について感想・意見を求めた。

Ⅲ．結果と考察

　BL期・支援期・プローブ期を通じて，A児の行動が他児とのトラブルをもたらした，あるいはその恐れがあると判断された場合には，担任や補助教師はA児に対して個別対応を行ったが，標的行動の習得に向けた特段の個別支援は行わなかった。それにもかかわらず，コミュニケーションと切り替えにおいては，表出数等が達成基準を満たしたことか

表 2-1-2　園長・補助教師・母親による支援の主な評価（感想・意見）

園長	・A児の成長と同時に，学級全体の成長も感じられた．A児の課題は，学級全体の課題でもあると再認識した
補助教師	・身体的な支援が減り，教師による支援ではなく，A児に対する他児による働きかけを待つ時間が増えた ・担任との連携がより具体的になり，支援時の迷いが減った
母親	・運動会で他の子と同じようにがんばっている姿を見て驚いた．できないとばかり思っていた自分の捉え方を反省した ・他の子が公平に接してくれる場面を見て嬉しいと感じた ・就学に向けて，不安だけでなく，期待や前向きな気持ちを抱けるようになった

ら習得されたといえる．また，学級参加と整列においては，生起率等が達成基準に達しなかったものの，支援期で生起率等が大幅に上昇した．プローブ期でも，全標的行動において支援期Ⅱの水準が維持された（図2-1-1参照）．さらに，担任による社会的妥当性の評価において，A児の変容に関する5項目でも肯定的な評価を得られた（表2-1-1参照）．これらのことから，集団随伴性を用いたクラスワイドな支援は，A児に対して適切な行動を形成するうえで有効であったといえよう．

　一方，学級参加・コミュニケーション・整列においては支援期Ⅰよりも支援期Ⅱのほうが平均生起率等が高く，切り替えでは両者にほとんど差異がみられなかった．したがって，A児にとっては非依存型よりも相互依存型のほうが有効であったと考えられ，またこのことは先行研究の結果を支持するといえよう［小島・氏森，1998］．この要因として次の3点が考えられる．

　1点めとして支援の順序性があげられる．相互依存型と比べると非依存型のほうが手続きが明快であり，しかも幼児一人ひとりが強化されることから，非依存型を先に適用した結果，A児や学級全体にとって相互依存型の手続きの理解が促進された可能性が考えられる．

　2点めとして，ロドリゲツとアンダーソン［Rodriguez & Anderson, 2014］は，相互依存型を複数の小グループで実施し，達成基準に達したグループを強化する方法が，学業の従事・遂行・正確さの促進ならびに問題行動の低減に有効であった，と述べている．本研究においても，学級全体を4～5名からなる6グループに分け，標的行動を達成できたグループを強化するようにした．その結果，幼児一人ひとりの責任がより明確化されると同時に，A児と他児との相互作用が促進されたと考えられる．すなわち，担任による社会的妥当性の評価（以下，「妥当性」とする）の「A児と学級の関係（評価5点．以下，

「(5)」とする」の理由として，相互作用が増え，A児の姿を学級全体が自然に受け止めるようになった，があげられていた。また，支援期Ⅰでは特定の女児数名がA児に対して活動を促す，励ます等の声かけを行っていたが，支援期Ⅱになるとグループの内外を問わず多くの幼児がA児を支援し，A児もまたその支援を自然に受け入れようとする場面が観察された。これらの相互作用がA児の標的行動の形成を促したと推察される。

　3点めとして，標的行動の達成基準について担任が適宜調整を図ったことがあげられる。支援期Ⅱでは，支援の開始時から基準を厳しくすると，標的行動の達成に協力できなかった特定の幼児に対して否定的な感情が生まれやすいことや取り組みに対する各幼児の意欲がそがれかねないことが想定されたことから，最初の1週間ですべてのグループに輪飾りが与えられるようにした。結果として，集団随伴性の負の副次的効果とされる強制的な態度や否定的な言動は学級内でほとんど観察されず，A児の所属グループも強化を受けることができた。

　上述したように，集団随伴性を用いたクラスワイドな支援は，A児に対して適切な行動を形成するうえで有効であったと考えられる。また，妥当性の「A児以外の幼児の問題行動（5）」の理由として，他児による働きかけが増え，途中で保育室からいなくなることがなくなった，があげられていたことから，B児・C児にとっても有効であったと考えられる。その一方で，「手続き（5）」の理由として，特に負担感はなかった，と記されていた。これらのことから，クラスワイドな支援は，学級内に問題行動を示す幼児が複数名いた場合でも，担任に負担をかけることなくその対応が可能であったといえよう。

　担任による学級評価では，BL期は平均2点代であったが，支援期では平均がほぼ4点に上昇し，プローブ期でも平均3.2点であった（図2-1-2参照）。また，妥当性の「クラスワイドな支援（5）」の理由として，複数の幼児，学級全体に非常に有効で，手応えがあった，があげられていた。さらに，園長・補助教師・母親による支援の評価においても肯定的な評価を得られた（表2-1-2参照）。したがって，クラスワイドな支援を行うことによって，学級の全幼児に対して適切な行動の生起率を高めることが可能になったと考えられよう。

　以上のことから，本研究においては，自閉症スペクトラム障害児を含む3名の問題行動を示す幼児が在籍する幼稚園の年長学級に対して，集団随伴性に基づいたクラスワイドな支援を行った。その結果，担任に負担をかけることなく，しかも問題行動を示す幼児ばかりでなく，他の幼児も適切な行動の生起率を高めることが可能になったと考えられる。これらのことから，クラスワイドな支援は幼稚園や幼児を対象とした場合でも，有効かつ妥当な方法であると考えられる。また，これらのことは，先行研究の結果を支持するものであるといえよう［関戸・田中，2010；関戸・安田，2011］。

なお，本研究の今後の課題として，次のことが指摘される。

妥当性の「手続き（5）」の理由として，特に負担感はなかった，があげられていた。その一方で，「強化子（4）」の理由として，担任以外による称賛方法については難しい時もあった，「その他（4）」の理由として，自分の学級だけの試みという点で，学年全体との調整が難しかった，と記されていた。すなわち，担任は支援そのものに対しては負担感を感じなかったものの，行事の実施に向けて学年全体が足並みをそろえて準備に取り組むことが求められる2学期に，朝の集まりの慌ただしい時間に園長から称賛を受けることをバックアップ強化子[†]としたこと，他学級にも特別なニーズのある幼児が在籍しているにもかかわらず，幼稚園の中で1学級だけがクラスワイドな支援に取り組んだことによって，担任に少なからず精神的な負担感が生じたことが推察される。今後，クラスワイドな支援を進めていく上で，園の保育理念および保育文脈やその実行条件等に適合させていくだけでなく，事前に園の全教師の同意や共通理解を得るための手続きや配慮等も必要であるといえよう。

また，集団随伴性の手続きの理解を含め，年中・年少など他学年の幼児に対してもクラスワイドな支援は有効であり得るのかについても今後は明らかにしていく必要がある。

付記：
本研究を公表するにあたり，A児の保護者および園長の承諾を得ています。

〔文献〕

Alberto, P. A. & Troutman, A. C. (1999) *Applied behavior analysis for teachers* (5th ed.). Prentice Hall, Upper Saddle River, New Jersey.〔佐久間徹・谷　晋二・大野裕史訳（2004）はじめての応用行動分析　日本語版　第2版. 二瓶社〕

Albin, R. W., Lucyshyn, J. M., Horner, R. H., & Flannery, K. B. (1996) Contextual fit for behavioral support plans: A model for "goodness of fit." In L. K. Koegel, R. K. Koegel, & G. Dunlap (Eds.), *Positive behavioral support; Including people with difficult behavior in the community*. Paul H. Brookes, Baltimore, MD, pp.81-98.

平澤紀子・藤原義博（2001）統合保育場面の発達障害児の問題行動に対する専門機関の支援―機能的アセスメントに基づく支援における標的行動と介入手続きの特定化の観点から―. 特殊教育学研究, 39 (2), 5-19.

平澤紀子・神野幸雄・石塚謙二・池谷尚剛・坂本　裕・藤原義博・花熊　暁・小枝達也・藤井茂樹　（2011）幼稚園における障害のある幼児への対応に関する研究―全国公立幼稚園への質問紙調査の検討から―. 岐阜大学教育学研究報告人文科学, 60 (1), 173-178.

Kamps, D., Wills, H. P., Heitzman-Powell, L., Laylin, J., Szoke, C., Petrillo, T., & Culey, A. (2011) Class-wide function-related intervention teams: Effects of group contingency programs in urban classrooms. *Journal of Positive Behavior Interventions*, 13, 154-167.

小島　恵・氏森英亜（1998）発達障害児・者における集団随伴性操作を扱った研究の動向—1980年代以降の文献を中心に—．東京学芸大学紀要 I 部門，49, 151-162.

Litow, L. & Pumroy, D. K.（1975）A brief review of classroom group-oriented contingencies. *Journal of Applied Behavior Analysis*, 8, 341-347.

Lohrmann, S. & Talerico, J.（2004）Anchor the Boat: A classwide intervention to reduce problem behavior. *Journal of Positive Behavior Interventions*, 6, 113-120.

野呂文行・吉村亜希子・秋元久美江・小松玉英（2005）幼稚園における機能的アセスメントの適用—攻撃的行動を示す注意欠陥・多動性障害幼児に関する事例研究—．心身障害学研究，29, 219-236.

大久保賢一・高橋尚美・野呂文行（2011）通常学級における日課活動への参加を標的とした行動支援—児童に対する個別的支援と学級全体に対する支援の効果検討—．特殊教育学研究，48, 383-394.

Rodriguez, B. J. & Anderson, C. M.（2014）Integrating a social behavior intervention during small group academic instruction using a total group criterion intervention. *Journal of Positive Behavior Interventions*, 16, 234-245.

関戸英紀・田中　基（2010）通常学級に在籍する問題行動を示す児童に対する PBS（積極的行動支援）に基づいた支援—クラスワイドな支援から個別支援へ—．特殊教育学研究，48, 135-146.

関戸英紀・安田知枝子（2011）通常学級に在籍する 5 名の授業参加に困難を示す児童に対する支援—クラスワイドな支援から個別支援へ—．特殊教育学研究，49, 145-156.

丹葉寛之・大西　満・尾藤祥子（2011）「気になる子ども」を捉える思考プロセスの形成—保育士に行った間接的支援の実践報告—．藍野学院紀要，25, 29-36.

若林上総・加藤哲文（2012）発達障害のある高校生が参加するグループ学習での集団随伴性の適用．行動療法研究，38, 71-82.

♣ コメント

　本実践研究では，自閉症スペクトラム障害児を含む 3 名の問題行動を示す幼児が在籍している幼稚園の年長学級において，集団随伴性に基づいたクラスワイドな支援を行い，その結果から支援方法の妥当性について検討した．また，幼児を対象に集団随伴性を適用した場合も，相互依存型が非依存型よりも有効であるか否かについても併せて検討した．

　その結果，対象児は 4 つの標的行動のうち 2 つを習得することができ，他の 2 つも支援期で生起率等が大幅に上昇した．また，問題行動を示す幼児ばかりでなく，他の幼児も適切な行動の生起率を高めることが可能になった．一方で，対象児にとっては非依存型よりも相互依存型のほうが概して有効であった．

これらの結果から，集団随伴性に基づいたクラスワイドな支援が幼稚園や幼児を対象とした場合にもたらす効果，ならびに対象児にとって非依存型よりも相互依存型のほうが有効であった要因について検討がなされた。

　本実践研究は，集団随伴性に基づいたクラスワイドな支援が，幼稚園や幼児を対象とした場合にも有効であることを明らかにした点に意義がある。

　今後は，集団随伴性の手続きの理解を含め，年中・年少学級の幼児に対してもクラスワイドな支援が有効であり得るのかについて，明らかにしていく必要がある。

《小学校1》

2. 通常学級での授業参加に困難を示す児童への機能的アセスメントに基づいた支援

興津　富成

Ⅰ. はじめに

　多くのLD，ADHD，高機能自閉症等の児童生徒が通常学級に在籍しているが，学習面，行動面，対人関係面，および社会的スキル面において問題が多く，既存の教育体制だけではこれらの問題に対して十分な教育効果を期待することが難しい[加藤，2004]。また，特に高機能広汎性発達障害は，障害そのものが正しく認識されていないという問題もある。高橋[2000]は通常学級在籍の高機能自閉症児70名の診療記録と母親への面接を通して，高機能自閉症児は，学業，コミュニケーション等に問題をもっており，なかでも授業態度に問題が多いことを報告している。このような高機能自閉症児には，授業で必要とされる行動やスキルを指導していく必要がある。しかし，発達障害児には偶発的な学習がそれほど有効ではなく，レスポンデント行動[†]やオペラント行動[†]原理を組み入れた教授プログラムの必要性[Sigafoos et al., 2003]が指摘されている。

　大久保・井上[2003]は，広汎性発達障害児を対象に，課題従事行動に対してトークン[†]を随伴させ，また問題行動にはレスポンスコスト[†]とタイムアウト[†]を組み合わせ，不適応行動の改善を図った。介助員を配属して，一時的に制限的な手続きを用いることによって，適切な行動を指導する時間をつくり，適応行動の増加に成功した。しかしながら，問題行動を示す児童が在籍する全学級に介助員が配属されるわけではない。

　一方，社会的スキルを観察可能な学習性の行動とみなし，対人関係のつまずきや障害にかかわりのある社会的スキルを発見し，それを学習させるソーシャルスキルトレーニング[†]（以下，「SST」とする）がある。佐藤ら[1993]は，攻撃的行動や妨害的行動をとる2名の幼児に対して，ルールの遵守と適切なやりとりを目的に訓練室でSSTを行った。その結果，2名の対象児とも否定的な行動は減少し，フォローアップ査定時でも適切な行動が維持されていた。さらに，佐藤ら[1993]は，攻撃的行動や妨害的行動を減少させるためには，SSTに強化システムを導入することの有効性を示唆している。

しかし，通常学級在籍で，しかも個別指導を受けることを望まない子どもの場合，少人数で SST を指導することは困難であると考えられる。これに対して，クラスワイドソーシャルスキルトレーニング（以下，「CSST」とする）は，学級の児童生徒全員に SST を実施する点に特徴があり，次の点ですぐれている［藤枝・相川，2001］。

・学級の児童生徒全員で社会的スキルの学習をするため，対人関係上に問題がある子どもが社会的スキルを獲得できる。

・すでにスキルを獲得している子どもも無自覚な反応を意識的に実行し，応用できるようになる。

・授業時間に実施でき，日常場面でのフィードバックは，獲得したスキルの般化を促進させることが可能となる［Sloboda, 1986］。

ところで，オネイルら［O'Neill et al., 1997］やケーゲルら［Koegel et al., 1996］は，機能的アセスメント手続きに基づく支援計画の立案では，①問題行動の先行条件と結果条件を見きわめ，②望ましい行動の随伴性や問題行動と同じ機能をもつ代替行動を推定する，③問題行動が環境に及ぼす影響がなくなるか小さくなるように，社会的環境や物理的環境を作り直し，多様な支援策を実施することが重要である，と述べている。また，平澤・藤原［2001］は，日常場面での支援では，機能的アセスメントに基づく支援計画に，環境や人々に適合した標的行動と介入手続きを決定することの必要性を指摘している。

これらのことから，CSST に強化システムを導入し，しかも学習環境や確実に指導・支援を行えるという担任の実行条件を考慮することによって，通常学級においても，教育上特別な支援を必要とする児童生徒への支援が可能になると考えられる。

そこで，本研究では，小学校通常学級 3 年に在籍し，授業中に声を出す，立ち歩く，落書きをする，級友の体に触る，唾を出すなどの行動を示す，広汎性発達障害が疑われる児童に，機能的アセスメントから得られた情報に基づき，これらの行動を減少させるための支援を行った。支援には，トークンエコノミーシステム[†]と，CSST を適用した介入パッケージを用いた。また，担任が通常学級内で対象児を支援できるように，担任の実行条件を考慮した。そして，これらの支援の結果から，本研究で用いられた支援方法の妥当性について検討することを目的とした。

Ⅱ．方法

1．対象児

対象児は公立小学校3年の男児（以下，「A児」とする）。指導開始時8歳6か月。WISC-Ⅲ（検査実施時8歳9か月）の結果は，全IQ 107，言語性IQ 114，動作性IQ 99であった。A児の学級の児童数は33人であった。

専門機関での教育相談の結果，抽象的な事柄の理解に弱さがみられる，全体の関係性や状況をよく捉えられない，外からの刺激に影響され，大事なところを忘れる，場の状況を読みとりにくい，広汎性発達障害が疑われる，という指摘があった。

A児の問題行動は，学校生活のすべての活動場面で起こり，担任はA児の対応に追われていた。担任や級友が問題行動を止めさせようと声かけをするが，効果がみられなかった。また，担任は，同学年の教員ともA児の対応について話し合ったが，有効な改善策を見いだせないでいた。

2．支援期間および支援場面

小学校でのアセスメントおよび支援は，平成X年5月〜平成X＋1年2月まで，筆者が，担任とともにティームティーチンクを行うアシスタントティーチャー（以下，「AT」とする）として小学校を週1回（月曜日）訪問し，A児の学級で実施した。

なお，筆者は特別支援学校教員で，長期研修生として大学院で特別支援教育について学んでいた。また，担任は教員歴が20年以上ある女性であった。

3．介入手続き

1）担任の実行条件

担任と実行条件について話し合った結果，以下のことが確認された。①授業中，A児だけに目を配り，対応することは不可能である。②机間指導中に声をかけたり，質問に答えたりすることは可能である。③A児の授業中の行動を，朝の会終了後，2校時終了後，4校時終了後，および放課後に評価する時間を設けることは可能である。④必要と考えられる社会的スキルを学習するための授業時間として「道徳」が考えられ，年間35主題中6主題をCSSTによる学習にあてることが可能である。

2）問題行動の機能分析

ATと担任とで，標的とする問題行動の同定を行った。その結果，他児への学習の影響を考え，授業中にみられる「声を出す」，「立ち歩く」，「黒板や級友のノートに落書きをする（以下，「落書きする」とする）」，「級友の体に触る」，「唾を出す」とした。

表 2-2-1　MAS による問題行動のアセスメント

問題行動	各機能の平均点				推定される機能
	注目	逃避	要求	感覚	
・声を出す	8.7	2.5	4.2	3.2	要求
・立ち歩く	3.2	3.2	4.7	3.5	要求
・落書きをする	3.2	2.0	2.7	3.7	注目，感覚
・級友の体に触る	3.7	2.5	4.0	2.7	要求
・唾を出す	3.5	2.0	3.7	3.0	要求

Motivation Assessment Scale [†]（以下，「MAS」とする）［Durand, 1990］を使用し，担任が A 児の問題行動を査定した（表 2-2-1 参照）。その結果，「落書きをする」以外は，要求の機能が推定された。

　なお，本研究では，行動の各機能を次のように定義した。

　①注目：まわりの者からの注目や働きかけを得ることで維持される行動をさす。

　②逃避：嫌悪状態から逃れられることで維持される行動をさす。

　③要求：自ら周りの者に働きかけ，かかわりや教示を得ることで維持される行動をさす。

　④感覚：特定の感覚を得ることで維持される行動をさす。

3）機能的アセスメントとそれに基づいた支援計画

　保護者から，A 児は友達と遊ぶときに遊びのスケジュールをメモにし，それを見ながら遊ぶことが多かった，という報告があった。また，毎週行われる朝会（毎回，さまざまな活動が用意されている）でも，列から逸脱したり，大声で級友に話しかけたりする行動が多くみられた。これらのことから，活動の予測に困難があると推測された。しかしながら，帰りの会のときに板書される翌日の授業予定表には，教科名と持ち物の表記はあったものの，授業内容や場所についての表記がなく，A 児にとっては翌日の予定に見通しをもちづらい状況にあったと考えられる。

　また，担任は，問題行動に対して，注意をしながら，その場で行うべきことの教示を与えていることもあった。その結果，A 児は，自席に戻ったり，私語を止めたり，学習課題に取り組んだりすることができた。これらのことから，A 児は，教示を得るために問題行動を生起させているとも推測された。

　一方，視覚的に理解しやすい課題では，取り組みがよいことも観察された。しかし，授業の大半は聴く・発言する等の活動であり，例えば，授業中，発言をする際には挙手をし，指名されたら発言をする，といった活動スキルが求められる。A 児には，この授業中の

望ましい行動

- 最後まで活動に取り組む

問題行動

- 声を出す
- 立ち歩く
- 落書きをする
- 級友の体に触る
- 唾を出す

代替行動

- 授業に関する発言をする
- 行うべきことを質問する
- 配付物を配る
- 級友を教える

結果条件

- 担任からの称賛、スタンプの獲得
- 級友からの称賛
- 保護者からの称賛、バックアップ強化子の入手

- 担任や級友とかかわれる
- 行うべきことの教示を受けられる

問題行動を起こしやすい先行条件

環境的な要因	直前のきっかけ
・活動スキルの不足 ・対人関係スキルの不足 ・活動予測の困難 ・学級内の刺激	・担任と級友の存在 ・活動内容と場所の変化

先行条件への方略

環境的な要因	直前のきっかけ
・支援ツールの使用 ・各授業の内容・場所・持ち物の明記 ・座席位置を前に移動 ・学級児童への指導（声のかけ方など）	・机間指導で授業中のかかわり（質問を受ける、教示、称賛）を増やす ・視覚から情報が入るようにする ・支援ツールを見せて声をかける

行動への方略

- CSSTにより適切な行動を学習させる
- CSSTのまとめシートにより適切な行動を確認させる
- 発言回数を増やす
- 説明、連絡などで理解できなかったことを質問することで学習させる
- 配付物を配る機会を与える
- 答え合わせなどのグループ学習を増やす
- 周りに質問できる教師がいない時、級友と同じ学習をさせる

結果条件への方略

- 望ましい行動に対して、担任、級友、保護者が称賛する
- スタンプやバックアップ強化子を与える
- 問題行動に対しては直接的な対応をしない
- 危険な行動や級友への学習妨害に対しては簡潔に注意をする
- 授業内容に関する発言や質問に即座に対応する
- 配付物を配ったりした時は、担任、級友、保護者が称賛する
- スタンプやバックアップ強化子を与える

図 2-2-1　機能的アセスメントに基づいた支援

活動スキルが不足しているのではないかと推測された。

給食のときに，自分の嫌いな野菜を級友の皿に入れる，清掃時間にＡ児だけ漫画本を読んでいるなどの行動もみられた。これらのことから，相手の感情を踏まえた言動をとる等の対人関係スキルの不足もあると考えられた。

さらに，Ａ児が不適切な行動を示すと，級友が大きな声で注意をする，あるいは叩くといった対応をすることがあり，問題行動がこじれることもあった。このことから，級友の対応によっては，問題行動が増長するであろうと考えられた。

以上のことから，Ａ児の問題行動の仮説要因として，担任や級友にかかわりを求める機能と，活動場面で行うべきことの教示を求める機能をもつ行動であろうと考えた。さらに，その背景には，その場に適した行動の未学習があり，結果として，問題行動が生起しやすくなっていると推定した。そこで，支援計画は，問題行動と機能的に等価な代替行動および望ましい行動を形成・強化し，問題行動を軽減することを目標にした（図2-2-1参照）。

(1) 状況要因への方略

授業予定表の中に，各授業の内容・場所・持ち物を明記した。学級の全児童を対象に，道徳の時間を使い，CSSTで「言葉のかけ方」や「あたたかい言葉かけ」の指導を行った。観察機会6〜16では，Ａ児に問題行動が不適切な行動であることを理解させるために，標的となる5つの問題行動（落書きをしなかった，必要のない話をしなかったなど）を表にしたシートを用意し，問題行動がみられなければ，担任がスタンプを押すようにした（以下，「支援ツールⅠ」とする）。観察機会17〜31では，行動形成を目的として，CSSTで学習した望ましい行動（先生の指示どおりにできた，手をあげて質問や意見を言えたなど）を表にしたシートを用い，望ましい行動に対して担任がスタンプを押すようにした（以下，「支援ツールⅡ」とする）。

また，座席の位置を廊下側から3〜4列目，前から1〜2番目に変更した。

(2) 直前の状況への方略

授業開始前に支援ツールを見せるようにした。担任が机間指導で質問を受ける機会や称賛，教示といった働きかけを増やすようにした。授業中に出された意見や質問などは，板書して整理をするようにした。

(3) 行動への方略

授業等で必要とされるスキルである「整列」，「お礼の言い方」，「話の聴き方・意見の言い方」，「協同作業」を指導目標にして，道徳でCSSTによる学習を行った（表2-2-2参照）。指導は，①問題場面の提示，②話し合い（問題行動に伴う「〜されるといやな気持ちになる」という級友の感情，具体的な望ましい行動等），③行動リハーサル，④フィー

32

表 2-2-2　CSST 略案

整　列

授業の流れ

1．始まりのあいさつ

2．本時の目的の説明

　　　整列の指示がでたときに，勝手な行動をとることによってまわりの友達にどのように思われるか，また勝手な行動をとったために損をすることがあることを説明する.

3．問題の提示（寸劇）場面……朝会

　　　　　　　　　配役……B さん：担任，C さん：AT

> B さんは前を向いて「気をつけ」の姿勢をとっている.
> B さんの後ろで，C さんは後ろを向いてしゃべっている.
> B さん：C さん，先生が並びなさいと言っているよ.
> C さんは，B さんの注意を無視して，整列場所から離れる.
> B さん：C さん，朝会が始まるから，みんな並んでいるよ．遊んでいると先生や友達の
> 　　　　話が聴けないし，今日の朝会はゲームがあるから一緒にやろう.
> C さんは戻って来て並ぶ.
> B さん：先生の話を聞こうね.
> B さんは前を向く.
> C さんは B さんにテレビの話題で話しかける.
> B さん：C さん，先生の話を聞こう.

4．話し合い（担任）

　・B さんは，並ばずに話しかけてくる C さんのことをどう思うか.

　・並ばなかったことで，C さんが損をすると思うことは何か.

　・どのように並んだらよいのか ⇒ 並ぶときに必要以上に話をしない，まっすぐに並ぶ等.

　・並んだら何をするか ⇒ 私語をしない，前で話をしている人を見る，勝手に列を離れない等.

5．行動リハーサル

　　ゲーム：・生活班対抗で整列の速さを競う.

　　　　　　・整列場所は担任の前で，児童から見て 1 班が左端，6 班が右端になるように整列する.

　　　　　　・ゲームごとに，しゃべらず，また列も離れずに担任の話（まっすぐに並べ，私語がないことを褒める）を聴く.

6．フィードバック

　・しゃべらずに，早くまっすぐに並べ，しかも担任が話をしている間にも私語がなかったことを強調する.

7．終わりのあいさつ

ドバックの流れで行った．なお，学級全体に対して指導を行うため，級友にとっても必要とされる行動を標的とした．さらに，例えば，CSST で「整列」について学んだ場合に，CSST の次の授業に，「並ぶ」場面が比較的多く含まれる授業（体育で，授業開始・終了の挨拶のための整列，ゲームで対戦相手と挨拶のための整列，授業のまとめを担任から聴くための整列など）を組み，CSST で児童が学習した行動を次の授業に生かしていたかど

2章 クラスワイドな支援から個別支援への実際 33

表 2-2-3 CSST まとめシート

学校では，すべてのこどもが授業をうけます．授業の場所は教科や勉強の内容によってかわります．クラスの友達といっしょの授業や，ちがうがくねんの友達といっしょの授業があります．クラスの友達も，ちがうがくねんの友達も，そして A さんも，みんなが，授業で先生の話や友達のはっぴょうをききたいし，見たいし，今までしらなかったことをしりたいとおもっています．もし，それができないとだれでもいやなきもちになります．ですから，みんなが正しいかつどうをしなければなりません．

下の文は，授業のときの A さんやみんなのかつどうを書いたものです．正しいかつどうには○を，まちがっているかつどうには×を（ ）に書きましょう．

ただしいかつどうの文は，なんかいもよんでおぼえましょう．

1. ぼくは，授業でつかう教科書・ノート・えんぴつなどのぶんぼうぐを授業が始まる
   前につくえの上に，じゅんびをしておきます．また，先生からしじされたものも，
   しじされたばしょに，じゅんびしておきます． （ ）
2. ぼくは，にっちょくさんが，たとえば「国語の授業をはじめます」といったら，「は
   じめます」といいます． （ ）
3. ぼくは，授業の始まりのあいさつがおわっても，友達とおしゃべりをしています．（ ）
4. ぼくは，授業の始まりのあいさつがおわったら，おしゃべりをしません． （ ）
5. ぼくは，授業中に，かってに教室の中を歩きます． （ ）
6. ぼくは，授業中に，はさみで紙を切ったり，ノートやつくえにらくがきをします．（ ）
7. ぼくは，先生のせつめいや友達のはっぴょうをきくときに顔を話をしている人の方
   に向けます． （ ）
8. ぼくは，授業中に，授業とはかんけいのない本をよみます． （ ）
9. ぼくは，先生からしじがでたら，そのとおりにかつどうします． （ ）
10. ぼくは，自分のいけんをはっぴょうしたり，しつもんをしたりするときには，手を
    あげて，先生にさされたら，話すようにします． （ ）

うかの評価も，単元の評価とともに児童にフィードバックした．

また，CSST のまとめとして，シートによる学習を宿題として課した（表 2-2-3 参照）．シートには，授業を受ける理由や，A 児の問題行動に伴う「〜されるといやな気持ちになる」という級友の感情を表した説明文，CSST で学んだ授業中の適切な行動と口頭で教示された行動，さらに適切でない行動として，A 児の問題行動を列記した．そして正しい行動には○を，正しくない行動には×を記入させ，×をつけることで，自分の行動を振り返らせるようにした．

さらに，次のような配慮や指導も行った．授業中，A 児の発言機会を増やし，それに対して担任がコメントをするなど，担任と適切にかかわれる時間を増やした．級友と算数等の問題の解き方を教え合う機会を増やした．授業中に配付物を配る係にし，立ち歩きを認めた．説明等を理解できなかった場合には，挙手をして質問をすることを学習させた．また，教師が近くにいない場合には，級友と同じ行動をとることを学習させた．

（4）結果条件への方略

行動問題に対しては直接的な対応をしないことを基本とし，危険な行動や学習妨害をする場合には，簡潔に注意を与えるようにした。授業に関連した質問には応じ，意見にはコメントを返すなど，代替行動を即座に強化した。また，最後まで課題に取り組むなど望ましい行動を，担任や保護者，そして級友が称賛した。さらに，支援ツールの獲得スタンプ数に基づき，保護者の理解と協力を得ながら，バックアップ強化子（Ⅰ期では200円程度のおもちゃ，Ⅱ期ではスタンプ数により，テレビを見る，おやつを買う，ゲームソフトを買う等から選択）を与えた。

（5）関係者との連携

筆者と担任とは，毎回放課後に打ち合わせをもった。筆者と保護者とは支援方法の変更時に打ち合わせを行い，また，家庭での様子は，担任から筆者に適宜報告をしてもらった。支援ツールに連絡事項も記入し，支援ツールを保護者との連絡帳としても使用した。さらに，週に1回，筆者は，指導教員にA児の様子を報告し，助言をもらった。

なお，上記の各方略上の支援を，次に示すスケジュールで行った。Ⅰ期（観察機会6～16）では支援ツールⅠとCSSTを，Ⅱ期（観察機会17～27）では支援ツールⅡとCSSTのまとめシートをパッケージにし，支援ツールの評価を授業ごとに行った。Ⅲ期（観察機会28～31）では支援ツールⅡを用い，朝会と朝の会（朝会が行われない日は朝の会のみの評価），1・2校時，3・4校時，給食と清掃，5校時と帰りの会をそれぞれ単位にし，単位ごとに評価を行った。Ⅳ期では支援ツールを用いず，発言回数を増やす，授業中に出された意見や質問等を板書して整理をするなど視覚から情報が入るようにする，座席位置を前方にする，黒板に各授業の内容・場所・持ち物を明記する，といった授業中の支援だけとした。また，アセスメントの結果から推定された問題行動の機能の確認を行うため，観察機会4において，担任がA児に対して，机間指導で質問を受ける，称賛する，教示を与えるといった支援を意図的に増やした。観察機会5においては，担任は他児と同様の対応をした。

4．結果の評価方法

1）問題行動の測定方法

筆者は，ATとしてクラスに配属されていたため，他児の指導も行う必要があったことから，測定を次のように行った。すなわち，「声を出す」，「立ち歩く」，「落書きをする」，「級友の体に触る」，「唾を出す」の5つの行動の生起回数を，担任との話し合いで，測定時間の30分間で10回以下に減少させることを目標にした。測定は週1回，1校時，2校

時，3校時（1, 2, 3校時に他児の指導が入り，測定ができなかった場合は，4校時，あるいは5校時に測定した）の各授業の「始まりのあいさつ」から10分間を1測定時間とし，それを30秒のインターバル記録法†で記録した。そして，3測定時間（10分間×3校時）を1ブロックとして，問題行動の生起回数を累積して数えた。また，測定した授業を，①担任が全学級児童に同じ内容を同時に指導する「一斉学習」，②学級児童を3～6人の少人数のグループに分け，それぞれのグループごとに学習を進める「グループ学習」，③学級を16人と17人の2つのグループに分け，それぞれのグループに指導者が1名つき，異なる教室で学習を進める「少人数学習」，という当該校が行っている3つの学習形態に分け，形態ごとのA児の問題行動の変容も調べた。なお，ビデオ撮影は他児への悪影響

表2-2-4 支援計画の妥当性を検討するためのアンケート項目

Ⅰ．対象児の変容について（対象：担任，管理職，学年の教員）
　1）朝会での様子は変わりましたか，どんな点が変わったかを教えてください．
　2）一斉授業での様子は変わりましたか．変わったと思う場合，どんな点が変わったかを教えてください．
　3）グループ学習（話し合い，協同作業等）での様子は変わりましたか．変わったと思う場合，どんな点が変わったかを教えてください．
　4）校外学習での様子は変わりましたか．変わったと思う場合，どんな点が変わったかを教えてください．
　5）対象児とクラスメイトとの関係は変わったと思いますか．変わったと思う場合，どんな点が変わったかを教えてください．
　6）対象児の先生に対するかかわりかたは変わったと思いますか．変わったと思う場合，どんな点が変わったかを教えてください．
Ⅱ．教師の変容について（対象：担任，管理職）
　1）先生の対象児に対するかかわりかたは変わったと思いますか．変わったと思う場合，どんな点が変わったかを教えてください．
　2）ATの存在は有効だったと思いますか．有効だったと思う場合，どんな点が有効だったかを教えてください．
Ⅲ．全般的な手続きについて（対象：担任）
　1）機能的アセスメントに基づく支援は妥当でしたか．
　2-1）道徳の授業で行ったCSST（行動リハーサル）は，対象児にとって有効な支援だったと思われますか．
　2-2）CSSTの授業は，先生にとって負担を感じさせるものでしたか．
　3-1）支援ツールは，対象児にとって有効な支援だったと思われますか．
　3-2）支援ツールは，先生にとって負担を感じさせるものでしたか．
　4-1）まとめシートは，対象児にとって有効な支援だったと思われますか．
　4-2）まとめシートは，先生にとって負担を感じさせるものでしたか．
　5）打ち合わせや連絡などの時間は，先生にとって負担になるものでしたか．
　6）その他，全体的なことで何かあればお書きください．

が考えられたため，信頼性の評定のために 3 回だけ行った。

ベースライン期（以下，「BL 期」とする）では，担任は，A 児に対し，他児と同様の対応をした。

担任が授業の進行上，A 児の授業中の様子を把握できない場合や，授業によっては指導者が異なる場合もあった。そこで，支援ツールによる評価については，担任が評価できなかった場合には，A 児が所属する班の級友が評価をし，担任に報告をすることにした。なお，A 児の学校生活の様子を，獲得スタンプ数によって評価することも可能であったが，級友による評価も含まれていたため，本研究では支援ツールを評価の対象に含めなかった。

2）担任，学年の教員，管理職へのアンケート

支援計画の妥当性を検討するために，平澤・藤原［2001］を参考にして，支援終了時に担任，校長・教頭（以下，「管理職」とする），学年の教員（3 人）を対象にアンケートを実施した（表 2-2-4 参照）。アンケートは，①A 児の変容（学習形態別，A 児と級友との関係，A 児の担任へのかかわり方）について 5 段階評定（1：良くなったと思う，2：どちらかといえば良くなったと思う，3：どちらともいえない，4：どちらかといえば悪くなったと思う，5：悪くなったと思う）で，②教師の変容（担任の A 児へのかかわり方，AT の存在）について 3 段階評定（1：そう思わない，2：どちらともいえない，3：そう思う）で，③全般的手続き（機能的アセスメントに基づく支援，CSST・支援ツール・CSST のまとめシートの有効性，各支援の負担度）についても 3 段階評定で回答をしてもらい，その理由を自由に記述してもらった。なお，①は担任，管理職，学年の教員に，②は担任と管理職に，③は担任に回答してもらった。

3）信頼性の評定

観察機会 18・19・20 のビデオ録画をもとに，A 児の各問題行動の生起回数を，筆者と支援に関係していない 1 名の教員とが別々に評価し，次の式により，一致率を算定した。

$$一致率（\%）＝\frac{一致数}{一致数 ＋ 不一致数}×100$$

その結果，一致率は 91.6% であった。

Ⅲ．結果

1．問題行動

1）問題行動の変容

　問題行動の生起回数の変容を図2-2-2に示した。また，支援期ごとの1ブロックあたりの問題行動の平均生起回数を表2-2-5に示した。BL期での問題行動の1ブロックあたりの平均生起回数は55.3回で，問題行動別にみると，「声を出す」は31.7回，「立ち歩く」は11.7回，「落書きをする」は1.7回，「級友の体に触る」は9.3回，「唾を出す」は1.0回であった。観察機会2・3では，測定中にA児が授業とは関係のない本を読んでいたため，観察機会1に比べ，問題行動の生起回数が少なかった。

　観察機会4で，担任がA児への支援を意図的に増やした結果，問題行動の生起回数が16回に減少した。しかし，観察機会5では，BL期と同様の対応に戻したところ，問題行動の生起回数が38回に増加した。

　支援ツールⅠとCSSTをパッケージにしたⅠ期では，行動問題の1ブロックあたりの平均生起回数は24.3回に減少した（表2-2-5参照）。もっとも平均生起回数が多かった「声を出す」でみると，観察機会1では，1測定時間の20個のインターバル中に最多で連続9個観察されたが，観察機会16では，連続2個にまで減少した。同様に「立ち歩く」でも，観察機会1では最多で連続12個であったものが，インターバルの間隔が開き，観

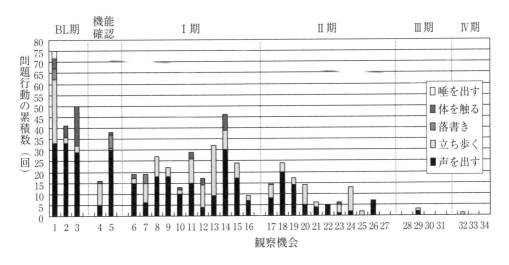

図2-2-2　問題行動の生起回数の変容

表 2-2-5 支援期ごとの 1 ブロックあたりの問題行動の平均生起回数

問題行動	BL 期	Ⅰ 期	Ⅱ 期	Ⅲ 期	Ⅳ 期
ブロック全体	55.3	24.3	9.7	0.8	0.3
声を出す	31.7	13.5	6.0	0.5	0
立ち歩く	11.7	8.0	3.7	0.3	0.3
落書きをする	1.7	0.4	0	0	0
級友の体に触る	9.3	1.5	0	0	0
唾を出す	1.0	0	0	0	0

察機会 16 では 1 個になった。また,「唾を出す」の平均生起回数は 0 回になった。

　なお,観察機会 13・14 は運動会の練習のため特別日課となったため,問題行動の生起回数が増加した。

　Ⅱ期に入り,支援ツールⅡと CSST のまとめシートを使用した。支援方法変更直後の観察機会 17・18 では問題行動が増加した。しかし,全体的に問題行動の持続時間が短くなり,問題行動の 1 ブロックあたりの平均生起回数も,目標とした 9.7 回にまで減少した。また,「落書きをする」,「級友の体に触る」の平均生起回数も 0 回になった。

　Ⅲ期では,支援ツールⅡだけを用い,評価も授業ごとから,連続する 2 校時ごとに変更した。問題行動の 1 ブロックあたりの平均生起回数はさらに減少し,0.7 回になった。また,Ⅱ期同様,「落書きをする」,「級友の体に触る」,「唾を出す」の平均生起回数は 0 回であった。

　Ⅳ期では,支援ツールを用いず,発言回数を増やす,視覚から情報が入るようにする,座席位置を前方にするなどの授業中の支援だけにした。問題行動の 1 ブロックあたりの平均生起回数は 0.3 回になった。また,BL 期では,「声を出す」の平均生起回数が 31.7 回であったが,Ⅳ期では 0 回になった。

2）学習形態別の行動問題の変容

　BL 期の 1 測定時間（10 分間）内の問題行動の平均生起回数を学習形態別にみてみると,一斉学習では 15.5 回,少人数学習では 24.3 回であった（表 2-2-6 参照）。観察機会 1 において,もっとも平均生起回数が多かった「声を出す」でみると,1 測定時間の 20 個のインターバル中,一斉学習では最多で連続 7 個,少人数学習では最多で連続 9 個生起していた。なお,BL 期ではグループ学習は行われなかった。

　Ⅰ期では,1 測定時間内の問題行動の平均生起回数が,一斉学習では 8.4 回,少人数学

表 2-2-6　学習形態別の 1 測定時間あたりの問題行動の平均生起回数

学習形態	BL 期	Ⅰ期	Ⅱ期	Ⅲ期	Ⅳ期
一斉学習	15.5	8.4	1.7	0.3	0
グループ学習		10.0	6.8		
少人数学習	24.3	6.1	4.1	0	0.3

グループ学習の空欄は，その時期にグループ学習が行われなかったことを示す.

習では 6.1 回に減少し，グループ学習では 10.0 回であった。「声を出す」でみると，観察機会 16 では，20 個のインターバル中，一斉学習では連続した生起がなくなり，また一斉学習・少人数学習ともに問題行動の生起回数が減少した。

　Ⅱ期では，1 測定時間内の問題行動の平均生起回数が，一斉学習では 1.7 回，グループ学習では 6.8 回，少人数学習では 4.1 回に減少した。少人数学習では指導者が替わったが，Ⅰ期と比べても問題行動の生起回数が減少した。グループ学習は行われなかった。

　Ⅳ期では，1 測定時間内の問題行動の平均生起回数が，一斉学習では 0 回，少人数学習では 0.3 回になった。グループ学習は行われなかった。

3）A 児の変容に関するエピソード

　Ⅰ期では，A 児が支援ツール Ⅰ の獲得スタンプ数を見て，自分は「午後が弱い」,「月曜日が弱い」と自己評価をしたことが，担任から報告された。

　Ⅱ期では，担任への質問数が増加した。授業開始前に着席していることがみられはじめた。担任の注意ですぐに問題行動を改めるようになった。また，級友も危険な行動や自分自身への学習妨害でなければ，授業中の A 児の問題行動に直接的な反応を示さないようになってきた。さらに，級友の手伝いをしたために，A 児が帰りの会でほめられる場面もみられた。

　Ⅲ期では，Ⅱ期に比べ，授業中の質問回数や級友の手伝いをすることが増えた。また，課題が終了したことを，自発的に担任に報告する行動がみられるようになった。

　Ⅳ期では，課題終了の報告の際に，担任からアドバイスをもらい，修正して再提出することもみられた。

2．社会的妥当性

　アンケートの結果，「CSST は有効な支援だったか」,「打ち合わせや連絡などの時間は負担になったか」については，担任から「どちらともいえない」との評価を得た。しかし，

他の項目については，すべての回答者から肯定的な評価を得た。その他として，管理職から「AT によって，母親の理解が深まり，またパートナー意識が育ってきた」，「一人で悩むことから，一緒に手だてを考え，新たな対応を進めることができたのは大きい」というコメントが寄せられた。

Ⅳ．考察

1．問題行動の変容

　BL 期では，1 ブロックあたりの問題行動の平均生起回数は 55.3 回であったが，Ⅰ期では 24.3 回，Ⅱ期では 9.7 回となり，Ⅲ期以降はほとんどみられなくなった。

　問題行動の機能の確認を行うため，観察機会 4 において，担任が A 児に対する支援を意図的に増やしたところ，問題行動の生起回数が BL 期の約 3 分の 1 に減少した。観察機会 5 では，A 児に対して BL 期と同様の対応を行ったところ，問題行動の生起回数が BL 期の状態に戻った。これらのことから，A 児の示す問題行動は，担任や級友にかかわりを求める機能と，活動場面で行うべきことの教示を求める機能をもつ行動であろうという仮説は，支持されたといえる。

　今回，授業場面の環境を整えながら，Ⅰ期で CSST を用いて，活動スキルと対人関係スキルを指導した。そして，Ⅱ期で CSST のまとめシートを使い，学習したスキルを復習させた。これらの指導後，A 児は「体に触るといやに思われる」と話していたことからも，問題行動とそれに対する級友の感情が結びついてきたものと考えられる。しかし，担任は，アンケートで，CSST の有効性について「どちらでもない」という評価をした。これは，級友が学習したスキルを，スキル学習に充てた道徳の次の授業から生かすことができたのに対し，A 児はⅡ期に入って，学習したスキルを表出する機会が多くなったことから，上記の評価になったものと考えられる。

　Ⅰ期からⅢ期まで，支援ツールを使用した。A 児が支援ツールに示された行動をとるごとに，担任が支援ツールにスタンプを押した。そして，獲得したスタンプ数に応じて，バックアップ強化子が家庭で与えられた。

　Ⅰ期で，A 児が支援ツールⅠを見て，自分は「午後が弱い」，「月曜日が弱い」と話したことが，担任から報告された。これらのことから，A 児は，獲得したスタンプ数によって，自分の行動を評価していたと考えられる。

　また，Ⅲ期以降は，課題の終了時に自発的な報告行動がみられるようになった。さらに，

IV期では支援ツールを用いなかったが，Ⅲ期までに獲得された適切な行動が維持されていた。これらのことから，授業中の活動スキルや対人関係スキルの理解が進んだ結果，A児は，他者による評価がなくても，自分で自分の行動を評価できるようになってきたと考えられよう。

2．学習形態別の変容

　一斉学習と少人数学習では問題行動が大幅に減少したが，グループ学習では他の学習形態ほど問題行動が減少しなかった。この要因として，グループ学習では，話し合いの手順の遵守，出された意見等の整理がなされずに話し合いが進められていたからであろうと推察される。また，広汎性発達障害児は，雰囲気，全体の流れ，人の感情の読みとりが困難である［横山，2004］ため，話し合いに参加することができず，結果として問題行動が観察されたとも考えられる。一方，一斉学習においても話し合い活動が行われた。しかし，担任によって，板書による意見の整理や言葉を補足しての説明などの支援がなされていた。また，「質問はありませんか」のように，わからないことを質問させ，教示を与える場面が確保されていた。そのために，進行している学習内容の理解が容易になり，授業への参加がしやすくなった結果，問題行動の生起が少なかったものと考えられる。

　これらのことから，グループ学習では，担任や級友が，話し合われている内容をわかりやすく補足・説明しながら話し合いを進めていく等の配慮が必要である［横山，2004］といえよう。

3．社会的妥当性

　本研究では，支援を開始する前に担任と話し合って，実行条件について確認をした。しかし，担任のアンケートの中に，「打ち合わせのための時間がとれなかったことが残念」という指摘があった。ATと担任は，打ち合わせを放課後の会議の合間に行ったが，それだけでは十分でなかったと考えられる。打ち合わせの時間の確保も，担任の実行条件の中に入れる必要があったといえよう。

　また，「今後の特別支援教育の在り方について」［文部科学省，2003］の中で，専門家によるADHDや高機能自閉症の児童生徒に対する巡回指導の有効性の検証が求められている。管理職のアンケート結果の中に，「一人で悩むことから一緒に手だてを考え，新たな対応を進めることができたのは大きい」という感想があった。これらのことから，特別支援教育に関する経験と知識を有する者による，高機能広汎性発達障害児に対する巡回指導

の有効性が示唆される。

4．まとめと今後の課題

本研究では，トークンエコノミーシステムと CSST を適用した介入パッケージを用い，担任が通常学級内で A 児を支援できるように計画を立てた。その結果，A 児の問題行動は減少した。また，アンケートの結果においても，「CSST は有効な支援だったか」，「打ち合わせや連絡などの時間は負担になったか」以外は，すべての回答者から肯定的な評価を得ることができた。これらのことから，本研究で用いられた支援方法は妥当であったといえよう。

しかし，グループ学習や行事のように見通しをもちづらい場面では，問題行動が観察され，今回の介入パッケージだけでは十分でなかった。今後は，A 児自身で自己の行動を管理できるようなスキルを習得させていく必要があろう。

支援方法の課題としては，当該校で支援ツールに関する説明を行った際に，A 児は強化子を獲得するためにだけ行動し，強化子を除去したらもとの状態に戻るのではないかという疑問が出された。本研究においては，A 児の状態から判断して，Ⅳ期から支援ツールの使用を中止したが，獲得された行動は維持されていた。したがって，トークンエコノミーシステムを適用して行動を形成する場合には，連続強化†から間欠強化†への移行といった強化スケジュール†を支援計画に事前に組み込んでおくことが必要であるといえよう。

昨今，多くの通常学級の担任から，「学級には大勢の子どもたちがいるため，一人の子どもにだけ，個別に対応することはできない」という声が聞かれる。しかしながら，本研究で示されたように，効果が実証されている（evidence-based）支援方法を，学校教育現場で適用できるように再構成し，週1回の巡回指導と保護者との連携の中で実施していけば，十分効果が得られると考えられる。

なお，本研究では，A 児に対する早急な行動の改善が求められていたため，それぞれの変数†を独立させたかたちで効果の検討を行わなかった。それらの分析についても，今後は詳細に行われる必要があろう。

付記：
本研究を公表するにあたり，A 児のご両親ならびに当該校の校長の許可を得ています。

〔文献〕
Durand, V. M.（1990）*Functional communication training: An intervention program for severe*

behabior problems. Guilford Press, New York.

藤枝静暁・相川　充（2001）小学校における学級単位の社会的スキル訓練の効果に関する実験的検討．教育心理学研究，49, 371-381.

平澤紀子・藤原義博（2001）統合保育場面の発達障害児の問題行動に対する専門機関の支援―機能的アセスメントに基づく支援における標的行動と介入手続きの特定化の観点から―．特殊教育学研究，39（2），5-19.

加藤哲文（2004）特別支援教育における「行動コンサルテーション」の必要性．加藤哲文・大石幸二編，特別支援教育を支える行動コンサルテーション―連携と協働を実現するためのシステムと技法―．学苑社, pp.1-15.

Koegel, L. K., Koegel, R. L., & Dunlap, G. (1996) *Positive behavior support : Including poeple with difficult behavior in the community*. Paul H. Brookes, Baltimore, Maryland.

文部科学省（2003）今後の特別支援教育の在り方について（最終報告）．

大久保賢一・井上雅彦（2003）通常学級に在籍する広汎性発達障害児の問題行動に対するトークンエコノミーの適用．日本行動分析学会第 21 回大会発表論文集，58.

O'Neill, R. E., Horner, R. H., Albin, R. W., Sprague, J. R., Storey, K., & Newton, J. S. (1997) *Functional assessment and program development for problem behavior: A practical hand-book*. Brooks/Cole, Pacific Grove, California.

佐藤正二・佐藤容子・相川　充・高山　巌（1993）攻撃的な幼児の社会的スキル訓練―コーチングの適用による訓練効果の維持―．行動療法研究，19（2），20-31.

Sigafoos, J., Arthur, M., & O'Reilly, M. (2003) *Challenging behavior and developmental disability*. Whurr Publishers Ltd., London.〔園山繁樹監訳（2004）挑戦的行動と発達障害．コレール社〕

Sloboda, J. (1986) What is skill ? In A. Gellatly (Ed.), *The skillful mind: An introduction to cognitive psychology*. Open University Press, Milton Keynes.

高橋　脩（2000）通常学級に在籍する高機能自閉症児の学校生活．発達障害研究，21, 252 261.

横山順子（2004）高機能自閉症の子どもの学習指導．内山登紀夫・水野　薫・吉田友子編，高機能自閉症・アスペルガー症候群入門―正しい理解と対応のために―．中央法規，pp.160-174.

＊

〔本研究は，興津富成・関戸英紀（2007）特殊教育学研究，44（5）において発表された〕

♣ コメント

　本実践研究では，授業参加に困難を示す，広汎性発達障害が疑われる小学校 3 年の男児に，機能的アセスメントの結果に基づいて，クラスワイドソーシャルスキルトレーニングとトークンエコノミーシステムを適用した介入パッケージを用い，担任が通常学級内で支援を行った。その際に，担任の実行条件を考慮した。

44

　9か月間の支援の結果，授業中の対象児の問題行動は減少した。しかし，グループ学習や行事のように見通しをもちづらい場面では，問題行動が観察された。また，アンケート結果から，担任の負担は大きくなかったという評価が得られた。

　以上のことから，適切な行動を学習させることによって問題行動が減少したこと，担任の実行条件の中に打ち合わせの時間の確保も入れる必要があったこと，効果が実証されている支援方法を，学校教育現場で適用できるように再構成し，週1回のティームティーチングによる指導と保護者との連携の中で実施していけば，十分効果が得られることなどが示唆された。

　本実践研究は，機能的アセスメントの結果に基づき，クラスワイドソーシャルスキルトレーニングとトークンエコノミーシステムを適用した介入パッケージを用いたことにより，担任に負担をかけることなく，対象児の問題行動の減少という結果をもたらしたと考えられる。

《小学校 2》

3．授業中に問題行動を示す小学校通常学級 3 年生に対する支援

田中　基

Ⅰ．はじめに

　授業中に離席等の不適切な行動を示す，アスペルガー障害が疑われる小学校通常学級 3
年生に対する支援を考えるにあたり，担任にとっては，対象児の支援に多くの時間が必要
であるため，他の児童に対する対応が希薄になってしまっていることや，一部の児童が対
象児に追随した行動を示し始めたことも大きな悩みであった。
　そこで，個別支援を開始する前に，対象児にとっても，また他の児童にとっても必要な
支援が行えるよう，学級全員を対象としたクラスワイドな支援を行った。

Ⅱ．方法

1．クラスの状況

1）対象児
　公立小学校の通常学級に在籍する 3 年生の男児（以下，「A 児」とする）は，小学校入
学前に療育機関でアスペルガー障害の疑いがあるといわれた。WISC-Ⅲ（検査実施時 5
歳 6 か月）の結果は，全 IQ 94，MA 5 歳 2 か月であった。1・2 年次は特別支援学級に在
籍したが，2 年次にはもっとも苦手とする国語と音楽の授業以外は通常学級（交流学級）
で過ごした。3 年次になると，A 児は教科によって通常学級から特別支援学級に移動する
ことを嫌がるようになり，保護者の要望もあり，急きょ通常学級の在籍となった。しかし
授業中には，立ち歩きや床に寝転がるといった離席，不必要な発声，黒板への落書きなど，
学習には関係のない言動がみられ，一斉指導による指示が通りにくい状態であった。また，
音楽室に移動せず教室に留る，プリントやノートを破る，宿題をやってこないなどの課題
もあった。

2）A児の級友

A児が所属するクラスには，A児を含めて31名が在籍していた。担任や特別支援教育コーディネーター（以下，「コーディネーター」とする）の指導により，多くの児童はA児の問題行動に過剰に反応したり，授業を逸脱したりすることはなかった。しかし，支援開始前の5月頃からA児が離席をしたり，机の下にもぐったりすると時々，2〜3名の男児がA児の行動に追随するようになった。

3）担任

20歳代の初任の女性教師であった。コーディネーターから助言を受け，A児の座席を最前列に移した。また，危険が伴わないかぎり，問題行動がみられてもそれに反応しないことを原則とした。しかし，A児がドアや机をたたいて音を立てる場合などは，A児を注意しないわけにはいかず，時々授業は中断された。また，授業中以外にもA児の支援に多くの時間を要するため，他児を支援するための時間が十分に取れなくなってしまうことも大きな悩みであった。

4）アシスタントティーチャー

中学校教師で大学研究生の筆者が，アシスタントティーチャー（以下，「AT」とする）として，毎週月曜日にA児の学級を訪れた。児童の登校時から下校時まで在校し，主としてA児の支援および担任の補助を担った。

2．手続き

1）クラスワイドな支援

前述したように，A児が授業を中断させた場合には，担任はA児を注意せざるを得なかった。また，数名の男児がA児の行動に追随した場合も，担任は注意をした。注意を受けると，彼らは担任の顔を見ながら元の状態に戻ったことから，彼らの行動には，担任に注意を向けてほしいという，注目要求の機能があるであろうと推察された。

一方，他の児童に対する日常的な支援が希薄になってしまっていたことから，学級の児童全員に必要とされる行動目標を設定したいという要望が担任から出された。

そこで，担任とATとで検討を行い，学級の児童全員の行動目標として，①宿題を提出する，②教科書やノートを忘れない，③（学習に必要な）道具を忘れない，④係や当番の仕事をする，⑤掃除をきちんとする，の5項目を選定した。そして，これらの行動が未獲得の児童には，それができるように，また，すでにそれらの行動を獲得できている児童

できたかなカード

（　　月）　　　　　　　　　　なまえ ＿＿＿＿＿＿＿＿＿＿＿

ポイント：よくできた…3点　だいたいできた…2点　あまりできなかったけれどつぎはがんばろう…1点

	日（月）	日（火）	日（水）	日（木）	日（金）
宿題を出せましたか					
教科書やノートのわすれものはありませんでしたか					
どうぐのわすれものはありませんでしたか					
係やとうばんのしごとはできましたか					
そうじはきちんとできましたか					
今日は何点？	点	点	点	点	点
メモ （わすれものやがんばることをかこう！） （れい）火：社会のノート					

ここまでのポイントの合計　　先生のサイン　　保護者のサイン

点

図 2-3-1　できたかなカード

には，担任等からそのことを評価され，よりがんばって実行できることを目的として，学級の全児童を対象に「できたかなカード」（図2-3-1参照）を導入した。

　このカードを使用し，次のような対応をすることによって，児童の注目要求を満たすことも可能になるのではないかとも考えた。

　「できたかなカード」は1週間分（5日間）を1枚とし，毎日，帰りの会の前に標的行動について児童に自己評価をさせた。その間，時間に余裕がある場合には，担任は机間指導をしながら児童に声をかけるようにした。毎週月曜日に，ATが1週間分の結果の確認をしてカードに得点を書き込み，各児童を称賛した。また，累積された得点が一定の基準

に到達すると AT から金色のシールが与えられ，帰りの会で学級の児童に紹介された。なお，カードには担任と保護者がサインをする欄も設け，AT ばかりでなく，担任と保護者からも毎週称賛を得られるようにした（非依存型集団随伴性）。

2）A 児への個別支援

(1) 問題行動の機能的アセスメント

クラスワイドな支援を行ったが，A 児の離席や宿題の提出等，多くの問題行動については改善がみられなかった。そこで，担任と AT とで問題行動を整理し，支援の対象とする問題行動をしぼりこんだ。その結果，①「（授業中）離席する（机の下にもぐる，床をはいずる，ベランダや廊下に出るなど（以下，「離席」とする）」，②「音楽室への移動に遅れる（以下，「移動の遅れ」とする）」，③「連絡帳に宿題を記入しない（宿題をやってこない（以下，「宿題の拒否」とする）」の 3 項目を選んだ。他にも問題行動は見られたが，担任がもっとも困っていることを優先した。

次に Motivation Assessment Scale［Durand, 1990］を用い，担任が A 児の示す 3 つの問題行動が，注目要求・逃避・物や活動の要求・自己刺激のいずれの機能をもつかを査定した。その結果，離席は逃避と注目要求，移動の遅れと宿題の拒否は逃避の機能をもつことが推定された。

さらに，授業を参観する中で次のことがわかった。

離席がみられるとき，教室の黒板には前の時間の授業の板書がそのまま残っていることがあった。その日の予定は，黒板の左隅に教科名が書かれていたが，内容は書かれていなかった。また，担任の指示は口頭だけで，「ちゃんとやりなさい」，「ちょっと待って」といったあいまいな表現で行われることが多かった。

一方，図工の授業で，黒板に活動の手順が箇条書きで示されていたところ，A 児はその手順に従って順調に活動に取り組むことができた。

これらのことから，A 児は日課や活動に見通しをもったり，指示や活動の内容を理解したりすることが苦手で，困っている状況におかれていると推測された。

授業中，A 児は担任や級友の視野に入りやすい場所を歩き回った。担任や級友が無反応でいると，注目が A 児に集まるまでドアや机をたたいて音を立てた。級友が A 児の行動に対して注意をすると，その行動はいっそう激しくなった。これらのことから，離席は，1 つには前述したように注目要求の機能を果たしており，A 児は注目を得るためのより適切な行動がわからない状態であると考えられた。

また，苦手な教科（音楽，国語）や道徳・特活での小集団活動（話し合いなど）に取り組むときに離席が頻発していた。さらに，毎日出される宿題はほぼ未提出で，帰りの会で

結果条件

- 担任からの称賛
- 級友からの称賛
- 保護者、ATからの称賛
- 授業の最初から参加できる

- 困難な状況から逃れられる（授業に参加しなくてすむ、宿題をやらなくてすむ）
- 担任、級友とかかわれる

望ましい行動

- 離席しないで学習に取り組む
- 級友と並んで移動する
- 連絡帳に宿題を記入する

問題行動

- 離席する
- 音楽室への移動に遅れる
- 連絡帳に宿題を記入しない

代替行動

- やるべきことを質問する
- 授業に関する発言をする
- 教示要求行動を示す

問題行動を起こしやすい先行条件

環境的な要因	直前のきっかけ
・活動予測の困難 ・指示や活動内容の理解困難 ・対人関係スキルの不足 ・基本的な学力やスキルの不足	・学習内容と場所の変化 ・担任、級友の存在 ・音楽室への移動 ・担任の指示や板書

結果条件への方略

- 望ましい行動に対して担任、級友、保護者、ATが称賛する
- 問題行動に対しては直接的な対応をしない
- 危険な行動や級友への学習妨害に対しては簡潔に注意をする
- 質問、発言、教示要求行動に即座に応答する
- タグシールをはったときには称賛する

行動への方略

- 説明などで理解できなかった場合に質問することを学習させる
- 発言回数を増やす
- 教示要求行動を学習させる
- タグシールに宿題を記入して渡す

先行条件への方略

環境的な要因	直前のきっかけ
・日課をマグネットシートで示す ・具体的な教示を与える ・キーワードを板書する ・個別に笛の連絡の指導をする	・5分ごとに注目する

図 2-3-2　機能的アセスメントに基づいた支援

連絡帳に翌日の予定や持ち物を記入する際に，宿題の内容だけは書き写すことを拒否していた。

これらのことから，A児には教科によっては基本的な学力やスキルが十分に備わっておらず，できない，難しいという困難な状況から逃れるために（結果的に授業に参加しなくてすむ，宿題をやらなくてすむ），離席や宿題の拒否を示していると推測された。

移動の遅れも，上記のように逃避の機能をもつと考えられた。音楽室への移動が遅れ，教室に残っている時に，A児がATに対して，「笛の指使いが苦手なので音楽は嫌い」ということを伝えたことから，A児の移動の遅れは，笛の運指が苦手であることに起因した逃避の機能をもつことが推察された。

以上のことから，A児の問題行動は，担任や級友から注目を得る機能（注目要求）と困難な状況から逃れる機能（逃避）の両方あるいは後者の機能をもつ行動であろうと考えられた（図2-3-2参照）。

(2) 機能的アセスメントに基づいた支援

機能的アセスメントの結果に基づいて，図2-3-2の下段に示したとおり，問題行動を防止するための"環境的な要因"および"直前のきっかけ"への方略（"先行条件への方略"），問題行動と機能的に等価な代替行動の形成をめざす"行動への方略"，問題行動への対応ならびに望ましい行動や代替行動への対応としての"結果条件への方略"を実施した。なお，支援の実施にあたっては，担任の実行条件を考慮した。また，ATも可能な範囲で担任の補助を行った。

①環境的な要因への方略

A児は黒板係であった。また，放課後，他児がいなくなるまで教室に1人で残り，黒板のマグネットを一列に並べるという行動がみられた。そこで，A児を"黒板係の時間割マグネット"担当とし，帰りの会の前にA児が教科名の書かれたマグネットシートを黒板にはって，翌日の日課を示すようにした。また，朝，急な日課の変更があった場合も，朝の会のときにA児にマグネットシートのはり替えをさせた（以下，「時間割マグネット」とする）。一方，笛の運指を向上させ，級友と一緒に並んで音楽室へ移動できるようになることを目的として，毎週月曜日の放課後，ATが笛の運指の個別支援を約15分間行った（以下，「笛の個別支援」とする）。さらに，担任も，指示を出すときには具体的な内容を示すようにし（以下，「具体的な教示」とする），また指示内容のキーワードをできるだけ板書するように留意した（以下，「キーワードの板書」とする）。

②直前のきっかけへの方略

担任がA児を注目してくれているということを，A児自身が意識できるように次のような配慮を行った。机間指導の際に質問がないか尋ねたり，できている部分をほめたり，

宿題カード				
／ （月）	シール	できた	学校でやった	できなかった
／ （火）	シール	できた	学校でやった	できなかった
／ （水）	シール	できた	学校でやった	できなかった
／ （木）	シール	できた	学校でやった	できなかった
／ （金）	シール	できた	学校でやった	できなかった
	合計	コ	コ	コ
今週のシール			保護者サイン	

図 2-3-3　宿題カード

アドバイスを与えたりする。全体説明の場面で語尾を伸ばしながら A 児と目を合わせたり，A 児の教科書の該当部分を指で差したりする。これらをおおよそ 5 分ごとに意図的に行った（以下，「意図的注目」とする）。

　③行動への方略

　宿題を毎日行い，その提出状況を A 児自身が確認できることを目的として，「できたかなカード」と並行して「宿題カード」を使用した（図 2-3-3 参照）。「宿題カード」は 1 週間分（5 日間）を 1 枚とし，毎日，宿題への取り組み状況に応じて，A 児が自己評価を行った。また，保護者との懇談で A 児がシールを好むことがわかったため，帰りの会のときに担任が宿題の記入されたタグシールを A 児に渡し，A 児自身が「宿題カード」のシール欄にそれをはることにした（以下，「宿題カード」とする）。

　一方，説明・連絡などで理解できなかった場合には質問をすることを学習させる（以下，

「発問の学習」とする），授業中の発言機会を増やす（以下，「発言機会の増加」とする），学習の課題がわからないときには教えてもらえるよう要求することを学習させる（以下，「教示要求の学習」とする）などの指導や配慮も授業の中で適宜行った。

④結果条件への方略

　問題行動に対しては直接的な対応をしないことを原則とし，危険な行動や授業妨害がみられた場合にだけ簡潔に注意を与えるようにした。離席しないで学習に取り組む，級友と一緒に並んで音楽室に移動する，連絡帳に宿題を記入する，という望ましい行動がみられた時には，担任・級友・保護者・ATなどが称賛した。また，授業内容に関連した質問や発言，教示要求には応答する，タグシールをはったときには称賛するなどして，代替行動等も即座に強化した。

　「宿題カード」については，毎週月曜日の放課後にATが1週間分を確認し，宿題の取り組み状況に応じてシールをA児に渡した（その日の宿題の提出が確認されるごとにシールが1枚与えられた）。さらに，A児および保護者と相談をし，シールが5枚たまると，保護者にバックアップ強化子として，収集している怪獣のキャラクターカードを買ってもらえるようにした。

3）関係者との連携

　担任とATとは，短時間ではあったが，毎回放課後に打ち合わせをもった。また，ATと保護者とは連絡帳を通して各支援方法に関する情報交換を随時行った。さらに，7月と12月に担任・ATと保護者とで3者面談を行い，保護者から支援の効果に関する評価を受けた。なお，ATは大学の指導教員にA児の様子を適宜報告し，支援方法に関する助言を受けた。

4）支援の実施順序とその期間

各支援の実施順序とその期間は次のとおりであった。

(1) 6月：「できたかなカード」は6月から開始し，年度末まで継続した。

(2) 7月：「具体的な教示」，「キーワードの板書」，「意図的注目」，「発言機会の増加」，「発問の学習」は7月から開始し，「意図的注目」，「発言機会の増加」，「発問の学習」は11月末まで，他の支援は年度末まで継続した。

(3) 9月：「時間割マグネット」は9月から開始し，年度末まで継続した。

(4) 10月：「笛の個別支援」，「教示要求の学習」，「宿題カード」は，10月中旬から開始し，「笛の個別支援」，「教示要求の学習」は11月末まで，「宿題カード」は1月末まで継続した。

3. 結果の評価方法

1）「できたかなカード」の評価

学級の全児童の行動の変容を「できたかなカード」の得点によって評価することも可能であったが，「できたかなカード」の得点は，あくまでも自己評価の結果であるため，本研究では「できたかなカード」を評価の対象に含めなかった。

2）問題行動の評価

筆者はATとして学級に配属されていたため，必要な場合には他児の支援も行わなければならなかったことから，評価を次のように行った。

(1) 離席

原則として月曜日の2～4校時の授業で，担任が担当する授業を対象とした（この時間帯に他の教師が担当する授業が入った場合には，5校時に測定した）。授業時間中にATが離席した時刻と着席した時刻を記録し，放課後担任と確認をした後，回数と累積時間を算出した。離席とは，机の下にもぐる，床に寝そべる，ベランダや廊下に出るなど授業の内容とは関係のない立ち歩きをいい，必要な道具を取りに行った，担任に断ってトイレに行ったなどは除外してある。

(2) 移動の遅れ

ATが音楽室への移動時の様子を記録用紙に○（整列に間に合う），×（遅れて授業に参加；備考欄に他児が移動を開始してからA児が教室を出るまでの時間を記入）で記入した。なお，月曜日以外に行われた音楽の授業に関しては，担任が同様の方法で記録を取った。

(3) 宿題の拒否

担任の記録に基づいて，1週間ごとの宿題の提出率を算出した。また，「宿題カード」の支援期では，ATが「宿題カード」の結果と担任の記録とを照合し，両者の結果が一致しなかった場合にはシールを与えなかった。

3）担任，学年の教師，管理職等へのアンケート

支援方法および効果の妥当性を検討するために，支援終了時に担任，学年の教師（3名），コーディネーター，校長，教頭を対象にアンケートを実施した。アンケートは，「A児の授業での様子は変わったと思いますか」，「A児の授業以外での様子は変わったと思いますか」，「A児の先生へのかかわり方は変わったと思いますか」について3段階評定（そう思う，どちらともいえない，そう思わない）で回答をしてもらった。また，その理

由も自由に記述してもらった。さらに、担任には「意図的注目」、「笛の個別支援」、「宿題カード」に関して、「目標は妥当でしたか」、「支援方法は有効でしたか」、「支援方法は先生にとって負担を感じましたか」について同様の方法で回答をしてもらった。また、「できたかなカード」の有効性に関しても自由に記述してもらった。

Ⅲ. 結果

1. クラスワイドな支援

6月から「できたかなカード」を導入したところ、A児が離席をしてもA児に追随する児童がまったくみられなくなった。また、時間の経過とともに、各標的行動の学級全体の達成率が上昇した。自分の得点をATに聞きに来る児童が毎週5～6人はみられた。

一方、A児は、数字の記入がやや雑であったり、評価を甘くつけたりするときがあったが、「できたかなカード」の記入に毎日取り組み、これが習慣化した。しかし、離席や標的行動の1つであった「宿題を提出する」に関しては改善がみられなかったため、個別支援を行った。

2. A児への個別支援

1) 離席

3校時間におけるA児の離席回数および累積離席時間を図2-3-4に示した。ベースライン期（以下、「BL期」とする）には、135分間中（45分間×3校時）平均8回、46分

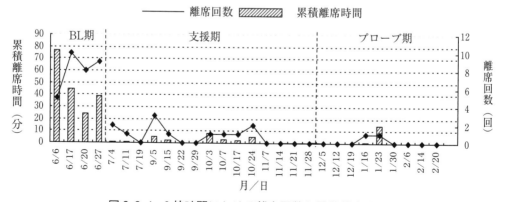

図2-3-4　3校時間における離席回数と累積離席時間

間の離席がみられた。しかし，7月から支援期とし，「具体的な教示」，「キーワードの板書」，「意図的注目」，「発言機会の増加」，「発問の学習」を導入すると離席回数・累積離席時間ともに大幅に減少し，11月からは離席がみられなくなった。そこで，12月からはプローブ期とし，指示や活動内容の理解を促すために「具体的な教示」と「キーワードの板書」はそのまま継続し，「意図的注目」，「発言機会の増加」，「発問の学習」を中止したが，離席はほとんどみられなかった。また，9月から「時間割マグネット」を開始したところ，朝，急な日課の変更があった場合でも，自らマグネットをはり替えることによって，授業への参加がスムーズになった。

一方，7月に保護者からは，離席が減っていくにつれて「学校への行き渋りがみられなくなってきた」，「放課後や休みの日に友人と遊ぶことが増えてきた」，という報告がなされた。

2）移動の遅れ

A児が音楽室への移動を開始するまでに要した時間を図2-3-5に示した。BL期には5〜10分間の遅れがみられた。しかし，10月中旬から支援期に入り，「笛の個別支援」と「教示要求の学習」を導入すると，遅れた時間が徐々に短縮されていき，11月以降は遅れないで授業に参加できるようになった。また，A児は授業中に理解できなかったことを時々質問するようになった。そこで，12月からはプローブ期とし，「笛の個別支援」と「教示要求の学習」を終了したが，遅れずに授業に参加することはその後も維持された。

「笛の個別支援」は1回につき約15分間ということもあり，A児の笛の運指が上達したといえるレベルにまでは達しなかった。しかし，A児は，毎回，ATの教示に丁寧な言

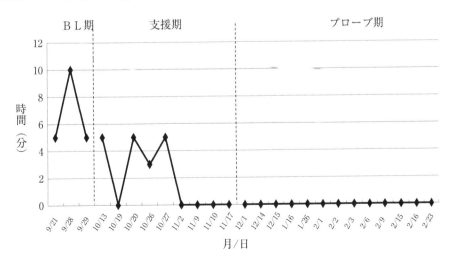

図2-3-5　音楽室への移動を開始するまでに要した時間

葉使いで応答し，終了時刻になっても練習をやめようとせず，練習を続けることを希望した。また，11月末に，学校の事情で12月からは個別支援ができなくなることを伝えると，A児は今後も練習を継続したいと主張し，それがかなわないと分かると自分のノートやカードを破った。

なお，プローブ期に，音楽専科の教師から，音楽室に遅れて来たときは授業に消極的であったが，遅れなくなってからは授業に積極性がみられるようになった，という報告があった。

3）宿題の拒否

A児の週ごとの宿題の提出率を図2-3-6に示した。なお，図中の9-1は9月の第1週を表している。BL期では，7週中5週において宿題の提出率が0％であった。しかし，「宿題カード」を導入した支援期に入ると，1週目から提出率が100％に上昇し，支援期全体の平均提出率も83.1％に達した。ただし，3週目の提出率は0％であった。A児はその理由を，「10月末に漢字ワークの残り全部という宿題が出たが，残りがあまりにも大量であったためあきらめた。また，他の日も授業時間内で終わらなかった課題が宿題となったためやらなかった」と説明していた。1月中旬にA児から担任に，宿題の内容は自分で書きこみたいという申し出があり，「宿題カード」のシール欄に自分で宿題の内容を書くようになった。2月に入ると「宿題カード」ではなく，連絡帳に宿題を記入するようになったため，これ以降をプローブ期としたが，提出率100％を維持することができた。

さらに，12月に保護者から，11月下旬から「怪獣のカード」（バックアップ強化子）を欲しがらなくなったが，宿題をすませ，「宿題カード」に記入することが習慣化している，という報告があった。

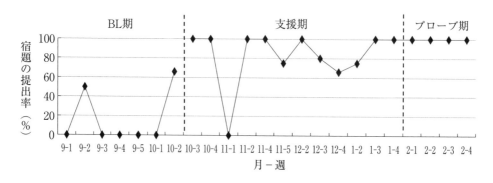

図2-3-6　1週間ごとの宿題の提出率

3. 社会的妥当性

7名の教師に対するアンケートの結果は，以下のとおりであった。A児の授業での様子は変わったと思うかについては，7名全員が「変わった」と評価しており，その理由として「落ち着いた」，「授業に積極的になった」をあげていた。A児の授業以外での様子は変わったと思うかについては，4名が「変わった」と評価しており，その理由として「指示で動けるようになった」と答えていた。また，3名は「どちらともいえない」と評価しており，その理由として「（全校集会などで）目立たなくなったのでわからない」をあげていた。A児の先生へのかかわり方は変わったと思うかについては，7名全員が「変わった」と評価しており，その理由として「質問をするようになった」，「指示を聞くようになった」と答えていた。

また，担任へのアンケートの結果では，目標は妥当であったか，支援方法は有効であったかについては，いずれの支援方法も「そう思う」と評価していた。支援方法の負担感については「どちらともいえない」と評価していた。その理由として「意図的注目」については「支援の方法があるならやってみたかった」，「笛の個別支援」については「ATがA児を見てくれたのでかかわらなかった」と答えていた。さらに，支援全体を通して，「担任1人ではなく，ATと共に支援を行うことは有効であった。A児の変化とともに学級全体がよい方向に変わった」と答えていた。また，「できたかなカード」の有効性に関しては，「『できたかなカード』を全員で取り組むことで，他の子どもたちも毎日の自分のがんばりを確認し，生活のリズムをつかんだり，励みにしたりしていったと思う」と答えていた。

一方，12月に保護者と3者面談を行い，これまでのA児に対する支援の効果について評価を受けた。学校生活に関しては，A児の問題行動が減った，小集団活動に参加するようになった，課題に取り組むようになったという評価を得た。また，家庭生活については，1人で学校の準備ができるようになった，以前より話の受け答えができるようになった，子育てが楽になった，という報告があった。

Ⅳ. 考察

1. クラスワイドな支援

A児が離席をするとA児に追随する児童が2〜3名みられることがあり，その行動の

機能として注目要求が推察された。そこで，「できたかなカード」を導入し，AT，担任，保護者からその結果に対して称賛を得られるようにしたところ，A児に追随する児童がまったくみられなくなった。すなわち，離席の防止を標的行動としなかったが，「できたかなカード」の導入によって彼らが日常的に，できていることを評価され，称賛を受けるという'強化'を受けられるようになった結果，彼らの注目要求が充足され，離席がみられなくなったと考えられる。これらのことから，クラスワイドな支援を行うことによって，注目要求の機能をもつ問題行動を起こすことを予防できる可能性が示唆される。

　また，クラスワイドな支援は学級の全児童を対象としたため，学級内に問題行動を示す（可能性のある）児童が複数名いた場合でも同時に支援を行うことが可能であった。このことから，クラスワイドな支援は担任の負担を軽減できる点で，効率的な支援方法であると考えられる［道城・松見，2007］。

　一方，A児も「できたかなカード」の記入に毎日取り組み，これが習慣化した。しかし，標的行動の1つであった「宿題を提出する」に関しては向上がみられず，また離席，移動の遅れにも改善がみられなかった。したがって，A児にとっては，クラスワイドな支援だけではそのニーズが満たされなかったと考えられる。すなわち，クラスワイドな支援を行うことによって，結果的に，A児のように個別支援を必要とする児童をスクリーニング（抽出）することができた［Crone & Horner, 2003］といえよう。

　なお，「できたかなカード」の得点は，あくまでも自己評価の結果であったため，本研究ではそれを評価の対象としなかった。今後の課題として，担任やATが学級内外の児童の行動を常時観察することは実際上困難なため，効率的かつ効果的な記録方法について検討していく必要がある。また，設定される目標は，他者から与えられるよりも，目標を達成しようとする個人がその設定に関与するほうが効果的である［Austin et al., 1999］と指摘されていることから，今後は学級の全児童が目標の設定にかかわっていくことも検討していく必要がある。

2. A児への個別支援

1）離席

「具体的な教示」，「キーワードの板書」，「意図的注目」，「発言機会の増加」，「発問の学習」を導入すると離席回数・累積離席時間ともに大幅に減少し，11月からは離席がみられなくなった。このことから，注目要求の機能に対しては，「意図的注目」と「発言機会の増加」が有効であったといえよう。すなわち，机間指導の際に質問がないか尋ねたり，全体説明の場面でA児の教科書の当該箇所を指差したりすることをおおよそ5分ごとに

意図的に行ったことによって，また授業中の発言機会を増やしたことによって，A児の注目要求が満たされ，離席の防止につながったと考えられる。さらに，これらの支援が質問や課題への取り組みのための弁別刺激[†]として機能し，離席しないで学習に取り組むという望ましい行動を促進したとも考えられる。

一方，逃避の機能に対しては，「具体的な教示」，「キーワードの板書」，「発問の学習」，さらには「時間割マグネット」を取り入れたことによって，日課や活動に見通しをもったり，指示や活動の内容を理解したりすることが可能となり，離席の減少をもたらしたと考えられる。

12月からはプローブ期とし，「意図的注目」，「発言機会の増加」，「発問の学習」を中止したが，離席はほとんどみられなかった。この要因として，プローブ期でも継続された「具体的な教示」，「キーワードの板書」，「時間割マグネット」によって着席行動が維持されていたと考えられる。また，「発問の学習」の結果，理解できなかった場合に質問をすることが定着し，結果的に必要な時に注目要求を充足することが可能となったために，着席行動が維持されたとも考えられよう。

さらに，離席のように問題行動が複数の機能をもつと考えられる場合には，本研究で用いたように複数の支援をパッケージとして介入することがより効果的であるといえよう。

2）移動の遅れ

「笛の個別支援」と「教示要求の学習」を導入すると移動を開始するまでに要した時間が徐々に短縮されていき，11月以降は遅れないで授業に参加できるようになった。さらに，プローブ期に入っても遅れないで授業に参加することは維持された。これらのことから，移動の遅れには「笛の個別支援」と「教示要求の学習」が有効であったといえる。

ところが，「笛の個別支援」は1回につき約15分間であったこともあり，A児の笛の運指が上達したといえるレベルにまでは達しなかった。それでも，A児が遅れないで授業に参加できるようになっていったのは，「笛の個別支援」によって笛の演奏に対する苦手意識が少しずつ薄れていったからであろうと推察される。

一方，音楽の授業は専科の教師が担当していたため，授業前日に当日の授業内容について学級の児童に知らされることはなかった。また，音楽の教師からは，笛を毎回持参するようにとの指示が出されていた。したがって，前日に音楽の授業内容（授業で笛を使用しないなど）がA児に知らされていれば，A児の移動の遅れを予防できた可能性も考えられる。

3）宿題の拒否

「宿題カード」を導入すると，1週目から提出率が100％に上昇し，支援期全体の平均提出率も80％を上回った。また，プローブ期でも提出率100％を維持することができた。これらのことから，宿題の拒否に対して「宿題カード」の使用は有効であったといえる。

一方，保護者から，11月下旬からバックアップ強化子をほしがらなくなったが，宿題をすませ，「宿題カード」に記入することが習慣化している，という報告があった。その要因として，宿題の書かれたタグシールが弁別刺激となったこと，宿題終了後，A児が宿題への取り組み状況を「宿題カード」に記入するだけで自己強化できるようになったことが考えられる。

4）個別支援とクラスワイドな支援

クローンら［Crone & Horner, 2003］は，個人に対する行動支援が機能するためには，学級全体に対するマネジメントが機能していることが前提条件となることを指摘している。本研究においても，A児に対する個別支援が機能したのは，「できたかなカード」を導入したことによって，学級全体に対するマネジメントが機能していたからであろうと考えられる。

3．社会的妥当性

授業での様子，授業以外での様子，教師へのかかわり方に関して，7名の教師の評価は肯定的であった。また，目標の妥当性，支援方法の有効性に関しても，担任から肯定的な評価を得られた。さらに，保護者からも支援の効果に関して肯定的な評価を得られた。これらのことから，A児への個別支援は，支援方法および効果の点において妥当であったといえる。

ところで，A児に対して個別支援を行った結果，A児の問題行動が改善されるにつれて，学校への行き渋りがみられなくなったり，放課後や休みの日に友人と遊ぶ機会が増えたり，また小集団活動に参加できるようになったりした。スネル［Snell, 2005］は，機能的アセスメントに基づいた支援の今後の課題の1つとして，この方法による介入が，問題行動の改善ばかりでなく，当該の児童生徒の生活様式にも変容をもたらすことの重要性を指摘している。これらのことから，A児に対する個別支援は，A児の家庭や学校での生活そのものにも望ましい変容をもたらしたと考えられ，この点においてもA児への個別支援は妥当であったと考えられる。

一方，「できたかなカード」の有効性に関しても担任から肯定的な評価を得られたことから，クラスワイドな支援も妥当であったと考えられる。

4．その他（エピソード等）

A児は運動会の集団表現を苦手としていたが，3年生で初めて参加することができた。また，3学期の1月には，めずらしく落ち着かない日があった。当日は，体育館を会場に，学年全体で「かきぞめ大会」が行われた。普段A児の授業を受け持っていない担当教員からの手順の説明が，口頭で，しかも大雑把なものであったため，A児は理解できず，その後1日中ペースを乱してしまったためであった。

4年次に進級した後は，教員間の共通理解を図り，おおむね落ち着いた状態を維持できた。5年次からは校内の支援会議で話題になることは少なくなり，6年次にはまったく話題にならなくなったと，3年次の担任より報告があった。

付記：
本研究を公表するにあたり，A児の保護者および学校長の承諾を得ています。

〔文献〕

Anderson, C. M. & Freeman, K. A.（2000）Positive behavior support：Expanding the application of applied behavior analysis. *Behavior Analyst*, 23, 85-94.

Austin, J., Carr, J. A., & Agnew, J. L.（1999）The need for assessment of maintaining variables in OBM. *Journal of Organizational Behavior Management*, 19, 59-69.

Crone, D. A. & Horner, R. II.（2003）*Building positive behavior support systems in schools*：*Functional behavioral assessment*. The Guilford Press, New York.

道城裕貴・松見淳子（2007）通常学級において「めあて＆フィードバックカード」による目標設定とフィードバックが着席行動に及ぼす効果．行動分析学研究，20, 118-128.

Durand, V. M.（1990）*Functional communication training : An intervention program for severe behavior problems*. Guilford Press, New York.

平澤紀子・藤原義博（2000）養護学校高等部生徒の他生徒への攻撃行動に対する機能的アセスメントに基づく指導：Positive Behavioral Support における Contextual Fit の観点から．行動分析学研究, 15, 4-24.

興津富成・関戸英紀（2007）通常学級での授業参加に困難を示す児童への機能的アセスメントに基づいた支援．特殊教育学研究，44, 315-325.

Snell, M. E.（2005）Fifteen years later：Has positive programming become the expected technology for addressing problem behavior ？ A commentary on Horner et al.（1990）*Research and Practice for Persons with Severe Disabilities*, 30, 11-14.

Sugai, G. & Horner, R.（2002）The evolution of discipline practices：School-wide positive behavior supports. *Child & Family Behavior Therapy*, 24, 23-50.

＊

〔本研究は，関戸英紀・田中　基（2010）特殊教育学研究，48（2）において発表された〕

♣ コメント

　本実践研究では，小学校の通常学級 3 年に在籍し，授業中に離席等の問題行動を示す，アスペルガー障害が疑われる対象児に対して，機能的アセスメントに基づいた個別支援を導入する前に，対象児が所属する学級に対してクラスワイドな支援を行った。その背景として，授業中以外でも対象児の支援に多くの時間が必要であったために，他児に対する学級担任の対応が希薄になってしまったこと，一部の男児が対象児の離席に追随したことがあげられる。クラスワイドな支援の結果，対象児に追随する児童がみられなくなった。

　次に，対象児に対して機能的アセスメントに基づいた個別支援を導入したところ，問題行動が改善し，さらに対象児の家庭や学校での生活そのものにも望ましい変容がみられた。

　以上のことから，本研究で用いた，第一次介入（クラスワイドな支援）を基盤としたうえで第二次介入（機能的アセスメントに基づいた個別支援）を導入するという支援方法が妥当であったと考えられる。

　本実践研究は，クラスワイドな支援の成果に関してデータで示していない，という点では課題を残している。しかしながら，「クラスワイドな支援から個別支援へ」というパラダイムに基づいた最初の実践研究であると考えられ，問題行動を示す児童生徒への支援に新たな一歩を記したといえよう。

《小学校3》

4．通常学級に在籍する
　　5名の授業参加に困難を示す児童に対する支援

安田　知枝子

Ⅰ．はじめに

　公立小学校通常学級に在籍する第4学年の5名の児童（以下，「Aくん」，「Bくん」，「Cくん」，「Dくん」，「Eくん」とする）は，離席や手遊びなどが多く，授業参加に困難を示していた。この5名の児童は，在籍学校内では，特別な支援の必要性が認識されていた。しかしながら，特別な支援を必要とする児童の人数が多いために，個別の支援を行うことや家庭と連携することができないままに時間がたち，4年生を迎えていた。5名の児童の様子は，以下のとおりであった（第3学年の2・3月，第4学年4月における週1日の行動観察より）。

　Aくん：
　1日のうちすべての教科において離席がみられた。机にいたずら書きをする，工作をする，消しゴムをちぎって級友にぶつけるといった行動が多発していた。級友に対しては，「人の折り紙取らないで〜。きれるよ〜」などと大声で言ったり，「なんで？そんなこともできねえのか」などと威圧的に怒鳴りつけることがあった。教師に注意を受けたことについては聞き入れず，さらに注意されると反抗的な態度をみせた。

　Bくん：
　授業中には，マンガを読んだり折り紙を折ったりしていた。忘れ物が多く，教材の管理が不得手で，筆記用具などが揃わなかった。「○○（級友の名前）に汚い手で触られた」と言って級友を追いかけて，蹴ったり，つねったり，叩いたりしようとすることが時々みられた。担任や筆者が止めると，「いつもそうだ」，「うざい」，「やだ」，「どうせ先生は」などと言い，気持ちの切り替えができなかった。

　Cくん：
　授業中に着席しているときにはほとんどが，折り紙，工作，物差しで消しゴムのかすを

すりつぶすこと，紙をちぎって興味のあることを鉛筆で書くことといった，自分のやりたいことに熱中していた。テストは集中して取り組んだ。イライラしているときに，級友に向けて物を投げたり，級友のプリントに×印をつけたりなどの嫌がらせをすることがあった。牛乳パックを窓に投げて牛乳を飛び散らかせたときに，教師が「一緒に片づけよう」と促しても「やだ」と応じないなど，注意を受け入れることができなかった。

　Dくん：

　算数や理科のテストには集中して取り組む一方，文章を考えて書くことなど苦手な課題では机にうつ伏してしまっていた。教師が個別に書き方を説明したり，Dくんの書きたいことの聞き取りをしたりするために，席の前にしゃがんで目の高さを合わせて話しかけても視線を合わせなかった。級友が話しかけたことに答えられないことがあり，友達とのかかわりに困難があった。

　Eくん：

　授業中は，キャラクターのついたペンやキーホルダーやメモ帳などを取り出して触ったり，級友に話しかけたりしていた。テストやプリント学習に取り組むことができず，教師が個別に答えを手本として書いてみせると，写すこともあった。低学年の漢字や拗音などを含む語を正確に書くことができなかった。

　学級児童数は，対象児5名を含めて39名（指導終了時には37名）であった。担任は，5名の男児が第4学年になった200X年に着任した経験年数20年の女性で，これまでに個別支援学級，特別支援学校の担任経験はなかったものの，ベテランとして難しいクラスをうまくまとめていくことを期待されていた。

Ⅱ．方法

　筆者が，アシスタントティーチャー（以下，「AT」とする）として，週1回，当該学級において担任の補助的役割を担い，次の流れで支援をおこなった（支援の期間は，200X年4月中旬から11月末まで）。

　1．目標とする行動を特定する（4月）
　　　↓
　2．クラスワイドな支援　Ⅰ期「話を聞く①」（5月29日〜7月17日）
　　　↓
　3．クラスワイドな支援　Ⅱ期「話を聞く②」（9月6日〜10月3日）

↓
4．クラスワイドな支援　Ⅲ期「ノートに写す・プリントに記入する」（10月17日〜11月28日）
　　　↓
5．個別支援（11月）

1．目標とする行動を特定する

　まず，機能的アセスメントを行った。Aくんの「離席」，「手遊び」，Bくんの「手遊び」，「離席」，「級友への暴力」，Cくんの「離席」，「手遊び」，Dくんの「手遊び」，「机へのうつ伏し」，Eくんの「離席」，「手遊び」を問題行動として取り上げた。次に，問題行動のもつ機能を査定し，支援計画の立案を行った。図2-4-1は，Cくんの「離席」に対する機能的アセスメントに基づいた支援の内容である。

　その結果，それぞれの問題行動の先行条件や結果条件は異なるものの，共通して「話を聞く」または「ノートに写す・プリントに記入する」ことが望ましい行動または代替行動として考えられた。

　担任は，5名の対象児の問題行動によって授業が中断させられることが多く，学級の他の児童への指導が行き届かないことを悩んでいたため，個別支援ではなく，全体への支援を希望していた。そして，「話を聞く」スキルを身につけることは，対象児だけでなく，学級の他の児童にとっても獲得が不十分で，ぜひ身につけてほしい行動であり，このことは担任の指導方針においても重要であると考えているとのことであった。

　児童の課題と担任の希望が一致したことから，第1の目標とする行動を「話を聞く」，第2の目標を「ノート・プリントに記入する」とした。「話を聞く」の具体的な内容は小

表2-4-1　目標とする行動と具体的内容

目標とする行動	具 体 的 内 容
話を聞く	話を聞くときに，自分がやっていることをやめる 話を聞くときに，話をしている相手の顔を見る 最後まで話を聞く
ノートに写す・プリントに記入する	教師が黒板に板書した内容を，自分のノートに写す 教師が配付したプリントやワークシート・作文用紙などに，教師が指示した内容を，記入・記述する

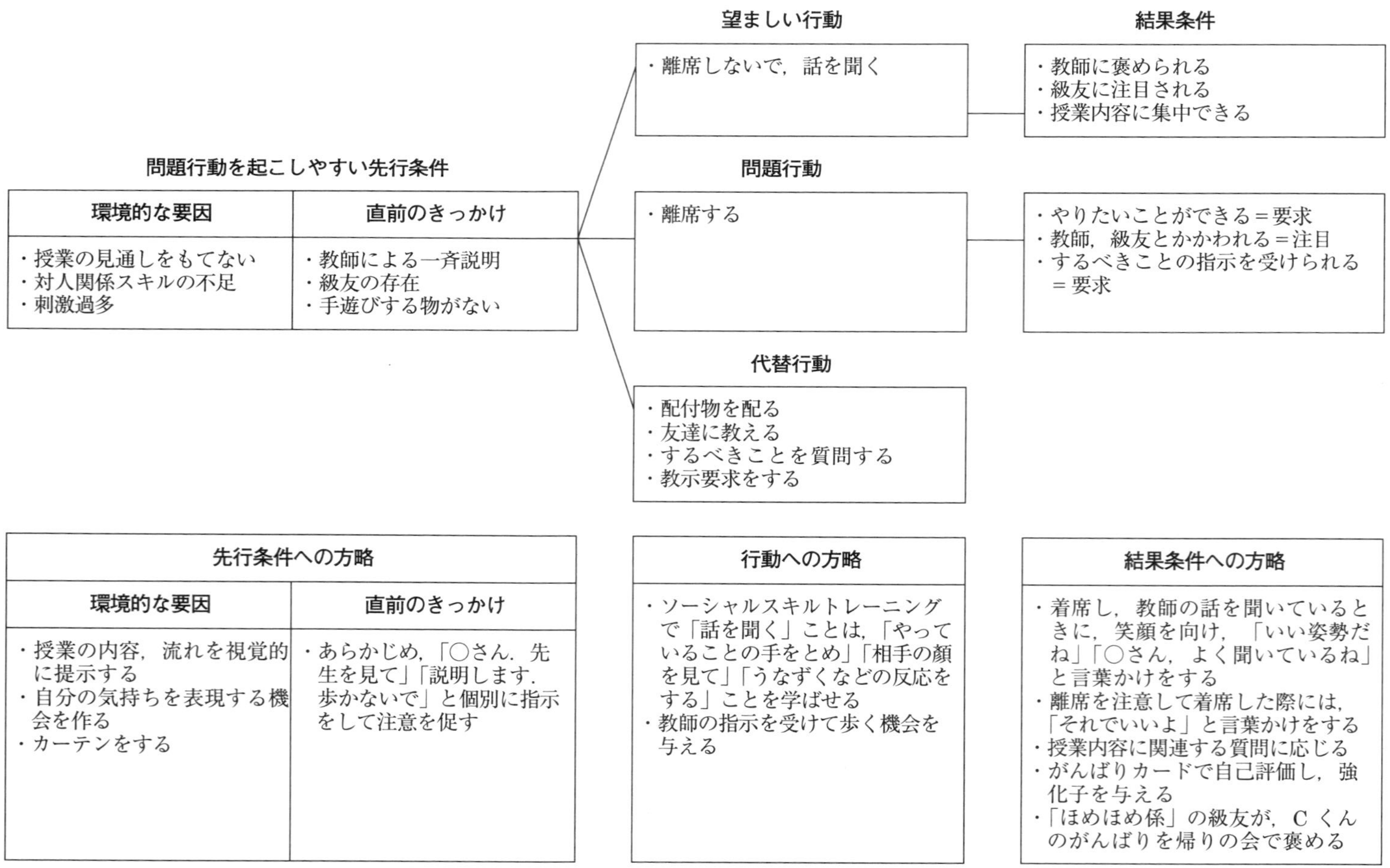

図 2-4-1　Cくんの機能的アセスメントに基づいた支援

結果条件

- 教師に褒められる
- 級友に注目される
- 授業内容に集中できる

- やりたいことができる＝要求
- 教師、級友とかかわれる＝注目
- するべきことの指示を受けられる ＝要求

望ましい行動

- 離席しないで、話を聞く

問題行動

- 離席する

代替行動

- 配付物を配る
- 友達に教える
- するべきことを質問する
- 教示要求をする

結果条件への方略

- 着席し、教師の話を聞いていると きに、笑顔を向け、「いい姿勢だ ね」「○○さん、よく聞いているね」 と言葉かけをする
- 離席を注意して着席した際には、 「それでいいよ」と言葉かけをする
- 授業内容に関連する質問に応じる
- がんばりカードで自己評価し、強 化子を与える
- 「ほめほめの係」の級友が、C くん のがんばりを帰りの会で褒める

行動への方略

- ソーシャルスキルトレーニング で「話を聞く」ことは、「やって いることの手をとめ」「相手の顔 を見て」「うなずく」ことを学ば せする「ことを学ばせる
- 教師の指示を受けて歩く機会を 与える

問題行動を起こしやすい先行条件

環境的な要因	直前のきっかけ
・授業の見通しをもてない ・対人関係スキルの不足 ・刺激過多	・教師による一斉説明 ・級友の存在 ・手遊びする物がない

先行条件への方略

環境的な要因	直前のきっかけ
・授業の内容、流れを視覚的 に提示する ・自分の気持ちを表現する機 会を作る ・カーテンをする	・あらかじめ、「○○さん、先 生を見て」説明します。 歩かないで」と個別に指示 をして注意を促す

とてもよくできた：◎　まあまあできた：○ あまりできなかった：△　できなかった：×	／ 木	／ 金	／ 月	／ 火	／ 水
顔を見ながら話を聞く					
やっていることをやめて，話を聞く					
1日の合計ポイント（◎ 3，○ 2，△ 1，× 0）					

今週のポイント合計は（　　　　　　　　）

図 2-4-2　がんばりカード①

運動会に向けてがんばろう～めざせ金メダル

名前　　　　　　　　　　　　　

③よくできた　②だいたいできた　①あまりできなかったけれど次はがんばろう

	11 木	12 金	16 月	17 火	18 水
時間を守る（授業の始まり，運動会練習，給食，掃除，帰りの支度）					
話を聞く（やっていることをやめて，顔を見て，最後まで）					
協力する（掃除，運動会練習，クラスのみんなと）					
今日は何点	点	点	点	点	点

これまでの合計点（　　　　　　　　）　　　　　　　先生のサイン　　　　　　　　　

図 2-4-3　がんばりカード②

林・相川 ［1999］ を参考にした。行動とその具体的な内容については表 2-4-1 に示した。

2. クラスワイドな支援： I 期「話を聞く①」（5 月 29 日〜7 月 17 日）

目標とした行動「話を聞く」をテーマにしたソーシャルスキルトレーニング（以下，「SST」とする）を，学級の全児童を対象に 3 回行った。表 2-4-2 は授業のねらいと流れである。そして，その直後から，「話を聞く」に関する自己評価カード（図 2-4-2「がんばりカード①」参照）を各児童の机に貼った。「がんばりカード」の評価点に応じてジグ

表 2-4-2 SSTの授業のねらいと流れ

第1回 SST
〔ねらい〕話を聞くときには「やっていることをやめる」,「相手を見る」,「からだを相手に向ける」ことを心がけるようになる.

学習の流れ	教師の児童への働きかけ	
(1) 学習の目標と流れを知る. (2) 先生の説明を聞き,考える.	本時の授業の流れを伝える	
	なんで聞き方名人になるの？「話を聞く」ことが上手になるといいことってなんだろう？ 考えてみよう.	「聞き方名人」になるといいことは ・自分が何をしたらいいのか分かる. ・話している人の気持ちや考えを理解できる. ・話している人に好意の気持ちをつたえられる. つまり・・ 
(3) 教師2人の寸劇を見て,考える. 　1) どちらがいいか,挙手する. 　2) 理由を考えて発表する. (4) 学習のふり返りと次回の学習内容を知る.	担任とATで①②のパターンで話し手と聞き手になる. 「どっちが名人かな？」 ①からだを相手の方に向けず,手遊びをして,下を見ている. ②手遊びをやめて,からだを相手の方に向けて,相手の目を見ている. 学習の取り組みを評価し,次回はロールプレイをすることを伝える.	

第2回 SST
〔ねらい〕話を聞くときには「やっていることをやめる」,「相手を見る」,「からだを相手に向ける」ことを心がけるようになる.ロールプレイに取り組む.

学習の流れ	教師の児童への働きかけ
(1) 「そうだね」ゲームをする. 　話す人が「これは○○だね」と言ったら「そうだね」と答える. (2) 前時を振り返る. 　・聞き方名人になるといいことは,「話がよく分かる」だけではなく,「仲良くなれる」 　・「やっていることをやめて,相手を見る」姿勢が大事. (3) 実際にやってみる. 　2人1組で「話す人」,「聞く人」の役割を順番に行う.間違った聞き方（からだを相手の方に向けず,手遊びをして,下を見ている）と,名人の聞き方（手遊びをやめて,からだを相手の方に向けて,相手の顔を見ている）の両方をやったら交代. (4) 感想を書く.	あらかじめ,席を8列にしておく.ペアを指示. 「『そうだね』と答えるときには相手を見る」 「急がずにできるだけたくさん話しかける」 「ふざけない」ことを約束. 前回学んだことを問いかける.文字カードを提示して強調する. 次の手順に沿って,一斉に進めるように指示. ①全員,話す内容を考える.思いうかばない人はプリントを参考にする. ②「間違った聞き方」で聞く.話す人を交代する. ③「聞き方名人」で聞く.話す人を交代する. 感想を書くための視点を提示する. ・「話す人」になったときに,どう感じたか？ ・「聞く人」になったときに,どう思ったか？ ・「聞き方」のちがいによって,なにか発見はあるか？

2章 クラスワイドな支援から個別支援への実際　69

(5) 感想を発表する.	・これから，どのように聞いたらよいと思うか？ 　引き出したい感想 ・名人の聞き方をされたほうが，話していてうれしい. ・間違った聞き方だと，何を話していたか覚えていない.
(6) 教師のまとめを聞く.	感想を取り上げる.「相手を見て，やっていることをやめて聞くのが名人です」 「相手を見ることが目で聞くこと，やっていることをやめて聞くことが，心で聞くことです」 「心で聞くことは，もっと別の方法もあります．次回は，さらに上級者の名人を目指します」

第3回 SST
〔ねらい〕授業中に話を聞くときには，級友を思いやって，ルールを守ることが必要だと気づき，自分の言動を振り返る.

学習の流れ	教師の児童への働きかけ
(1) 教師の説明を聞き，考える. (2) 図を手掛かりに，授業中の話の聞き方について考える. (ア) クラスメイトがどう思っているかを考えて，吹き出しに記入する. (イ) みんなが聞き方名人になって学習するには，どうしたらよいか考える.	前回の児童の感想を紹介. 「今日は，授業中の聞き方名人になるためにどうしたらよいか，考えてみたいと思います」 困った場面のコミック会話を図示する.   クラスメイトの気持ちを思いやり，次に自分たちみんなでどうしたらよいかを考える. 具体的な取り組みにつながる意見をくみ上げる．(①うなずく，②最後まで聞いてから手をあげる，③手遊び，立ち歩きをしない，教えてあげる，注意するときは「ほかほか言葉」，④丁寧に断るなど)
(3) 教師のまとめを聞く. (4) めあてカードについて活用の方法を知る.	「自分は悪いことをしていないつもりでも，クラスメイトに迷惑なことがあります」 「みんなが，楽しく勉強したり，遊んだりできるようにルールがあるのです」 「友だちの困った行動を注意してあげることはよいことです．でも，注意された友だちの気持ちを考えてあげることも大事です」 「クラスみんなが聞き方名人になって気持ちよく勉強できるよう，一人ひとりががんばりましょう」

ソーパズル（AT が作成したもので，児童が好む線画を分割してあり，4〜6 ピースを集めると絵が完成し，ぬり絵になる）のピースを 1 枚もらえるルールとした（非依存型集団随伴性）。

3．クラスワイドな支援：Ⅱ期「話を聞く②」（9 月 16 日〜10 月 3 日）

学校行事（運動会）を見据えて，児童と担任が話し合って目標を設定（「時間を守る」，「話を聞く」，「協力する」）し，児童の希望を聞いて自己評価カード（図 2-4-3「がんばりカード②」参照）の使用を決定した。「運動会までに，みんなの自己評価の合計点が目標点に達したら，全員が金メダル（AT が作製したもの）をもらえること」とした（相互依存型集団随伴性）。

4．クラスワイドな支援：Ⅲ期「ノートに写す・プリントに記入する」（10 月 17 日〜11 月 28 日）

「ノートに移す・プリントに記入する」に関する支援を開始し，「がんばりカード」の使用は中止した。児童が板書したノートや完成したプリント等を提出した場合に，担任が，コメントを記入し，児童が好むシールを 1 枚与えた。シールは，都道府県シリーズやにぎり寿司シリーズなどで，児童が選ぶことができ，また集めたいと思えるものを担任が用意した。

5．個別支援（11 月）

Ⅲ期に入って 2 週間が経過したが，E くんの授業参加行動に改善がみられなかったため，11 月から E くんに対して，特別支援学級の教員が，週に 2 回，国語・算数の「取り出し授業」を始めた。なお，「取り出し授業」は，「ノートに移す・プリントに記入する」に関する支援と平行して行われた。

Ⅲ．結果と考察

以上の支援の結果，Ⅲ期において 5 名中 4 名の児童が高い授業参加率を示し，支援を終えた後でも高水準で維持されていた。E くんは，「取り出し授業」を開始した 11 月から授

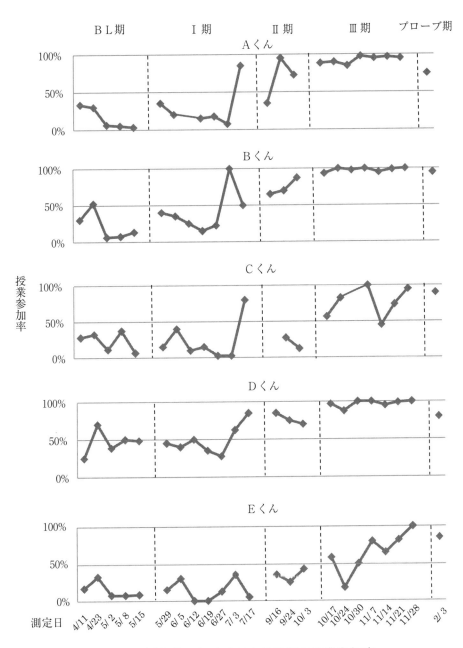

図2-4-5 測定日における5人の児童の授業参加率

業参加率が上昇し始めた。(図2-4-5参照)

また、学級全体の「話を聞く」の遂行率も高まり、支援を終えた後でも維持された(図2-4-6参照)。

クラス児童へのアンケートからは、「4月頃にくらべて話をしっかり聞くことができるようになった」、「4月頃より今のほうがよいクラスだと思う」と答えた児童が、全児童の

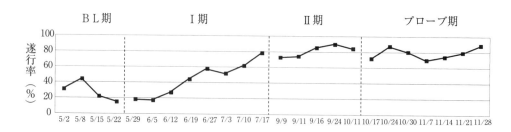

図 2-4-6　学級全体の「話を聞く」の遂行率の推移

3分の2に上った。担任を含めた教師に対するアンケートで，5名中4名の教師が，「授業での学級の様子は変わった」と答えた。12月に社会の授業で，全児童が新聞づくりに黙々と取り組んでいる姿を見ながら，担任が「夏休み前にはこんな日が来るなんて考えられなかった」と言っていたのが印象的だった。

対象児が6年生になったときの9月に，6学年の担任2名に聞き取り調査を行った。Aくんについては，「学級全体に指示を出した後に個別的な指示を出す必要がある」，「ときどき大声を出したりすることがあるが，個別的な支援を必要とするほどではない」，Bくん，Cくん，Dくんについては，「授業中に特別な配慮をまったく必要としない」とのことであった。Eくんは週5回の算数の授業のうち，2回を取り出し授業で行っていた。

以上のように，効果がみられた背景には，学校の教員間で団結して指導にあたり，担任も日々丁寧な指導を心がけたことがベースとなっていることは言うまでもないが，加えて効果的な支援のポイントがあったと考えられる。その内容について最後にとりあげる。

○SSTの授業で，体験を取り入れたこと。児童からは，「悪い聞き方で聞かれたら，自分はがんばって話しているのに，がっかりした。話したくなくなった。でも，ちゃんと聞いてくれると，どんどん話したくなって，とってもいい気分だった」といった感想があった。

○「がんばりカード」で自己評価した点数に応じ，塗り絵パズルがもらえたこと（非依存型集団随伴性）。

○教員と児童が話し合ってⅡ期の目標を設定したこと。

○クラス全員の合計点が目標に達した結果，全員が金メダルをもらえたこと（相互依存型集団随伴性）。

○途中で目標を変更したことにより，児童間に新たな目標に挑戦しようという意欲がみられたこと（「話を聞く」から「ノートに写す・プリントに記入する」へ）。

○「ノートに写す・プリントに記入する」とすぐにシールがもらえたこと。また，シールがシリーズもので，児童がもっと集めたいと思えるものであったこと。

○個別に問題行動に対処するのではなく，クラス全体に支援を行ったこと。

　付記：
本研究を公表するにあたり，当該校の校長の承諾を得ています。

〔文献〕
國分康孝・相川　充（1999）基本的ソーシャルスキル12. 国分康孝（監）ソーシャルスキル教
　育で子どもが変わる小学校．図書文化，pp.58-63.

＊

〔本研究は，関戸英紀・安田知枝子（2011）特殊教育学研究，49（2）において発表された〕

♣ コメント

　本実践研究では，授業中離席をする・板書をノートに写さない等の問題行動を示す児童
が5名在籍している，小学校4年の通常学級に対して，当該の児童の授業参加行動の改善
を目指して，できるだけ担任に負担をかけない方法で支援を行った。まず，第一次介入と
してクラスワイドな支援を行った。その後，第一次介入だけでは授業参加行動に改善がみ
られなかった1名の児童に対して，第二次介入として個別支援（取り出し授業）を行った。
　その結果，対象児全員の授業参加行動に改善がみられ，1年5か月後も4名の対象児の
授業参加行動が維持されていた。また，学級の他の児童の話の聞き方においても改善がみ
られた。
　本実践研究の成果は，クラスワイドな支援を基盤としたうえで個別支援を導入した支援
方法は，担任に負担をかけることなく，しかも複数の児童が対象であっても問題行動の改
善を可能にすること，また他の児童に対しても適切な行動の増大をもたらすことを実証し
たことにある。さらに，1年5か月後も4名の対象児の授業参加行動が維持されていた点も，
本指導方法の有効性を支持するものであるといえよう。

《中学校》

5. 中学校全体で取り組むユニバーサルな支援
——UP, UDL, CWSST の実践を通して——

江村　大成

長澤　正樹

I. はじめに

　学校現場における「問題行動」すなわち，集団行動などの活動を妨げる行為や，他児童生徒との関係に悪影響を及ぼす行為などをめぐっては，複数の変数が関連した複雑な相互作用が存在しているため，問題行動への対応に苦慮している学校現場は多い。その中でも，注意欠如多動性障害の特性や自閉症スペクトラム障害の特性から学校適応がうまくいかず，授業中の問題行動や対人関係の問題につながる児童生徒への対応は重要である。これらの児童生徒が起こす問題行動に対しては，機能的アセスメントやトークンエコノミーシステムなどの応用行動分析に基づく対応が有効であることは認められている。しかし，専門家の支援や家庭からの協力など環境操作の難しさから，これらの対応を学校現場に適応することの困難さが指摘されている。また，学校内における教職員や周囲の児童生徒の行動が問題行動を起こす児童生徒に及ぼす影響は，直接的にも間接的にも大きい。したがって，専門家が直接介入するよりも，学校現場の教職員による支援や周囲の児童生徒の示す望ましい行動のモデルによって，学校全体の状態がよい方向に向かうことが望ましい。

　そこで，問題行動を未然に防ぎ，学校生活場面での望ましい行動を増やしていくために，ユニバーサルな支援の取り組みを紹介したい。

　ユニバーサルな支援とは，ユニバーサルプログラム（Universal Program；以下，「UP」とする），学習のユニバーサルデザイン（Universal Design for Learning；以下，「UDL」とする），クラスワイドソーシャルスキルトレーニング（(Class-Wide Social Skills Training；以下，「CWSST」とする）を3つの柱とした行動支援のことである。

Ⅱ．UP，UDL，CWSST について

1）UP

UP とは，問題行動を示す児童生徒を含む全員を対象とする行動支援である。UP の利点は，問題行動を起こす児童生徒だけでなく，問題行動を起こす可能性のある児童生徒への予防的効果があること，当たり前のことをしている児童生徒が評価されること，学級崩壊を防ぐこと，少ない人数で対応が可能であること，発達障害と判断されない児童生徒へも適用可能であることなど多くの利点が挙げられる。

2）UDL

UDL とは，すべての子どもたちが学びのエキスパートとなるよう，根本となるバリアを取り除き，正しい方向に導くアプローチであり，全児童生徒を対象とした指導・支援である。これは，①提示に関する多様な方法，②行動と表出に関する多様な方法，③取り組みに関する多様な方法の三原則で構成されている。UDL の利点は，誰もが分かりやすい授業を工夫することにより，学習内容の理解だけでなく，授業中の課題従事行動の改善や問題行動の減少にも効果があることなどが挙げられる。

3）CWSST

CWSST とは，児童生徒の社会的適応を援助するために，予防的・成長促進的な観点から学級に在籍するすべての児童生徒に対して意図的に社会的スキルの学習機会を提供する学級単位の集団社会的スキル訓練である。CWSST の利点は，学級単位で実施するために学級の全員が社会的スキルを学習する機会を得ることができること，担任教師が通常の授業時間において無理なく実施できることなどが挙げられる。

Ⅲ．方法

ユニバーサルな支援の実施に向けての職員研修を行い，一人ひとりの資質・能力の向上と学校組織の機能の向上をはかる。職員研修の内容は，教職員のユニバーサルな支援への共通理解とビジョンの共有，発達障害の特性，UP，UDL，CWSST についてであった。研修の後に，共通理解のもと実践を行っていく。

1. UP の取り組み

1）スクールスタンダードの導入

　生徒会を中心として，スクールスタンダード（全校で共通に設定したルール）を作成した（図2-5-1参照）。スクールスタンダードとは，全校生徒が守るべき望ましい行動規範を自分たちでつくり，実行していくことである。期待される効果としては，問題行動を起こす可能性のある児童生徒への予防的効果があること，当たり前のことをしている児童生徒が評価されること，授業成立に必要なルールが保たれることなどが挙げられる。決定したスクールスタンダードは，各教室に掲示し，全校集会の場面で全校生徒に伝達した（図2-5-2参照）。また，スクールスタンダードの取り組みの自己評価とフィードバックも生徒会を中心として行った。この取り組みによって，生徒はルールを守っていこうとする意

```
　　　　　　スクールスタンダードについてのアンケート

　　　　　　　　　　　年　　組　　氏名

　全校生徒がよりよい学校生活を送るためにできることとして，主に授業や集会・学校行事な
どの学習場面で守るべき望ましい行動や態度「スクールスタンダード」を作成します．みんな
が気持ち良く活動を進めていくために必要なことは何ですか．具体的な例を挙げてください．
　　例）○先生や友達の話は，話し手にからだを向けて聴く．
　　　　○活動の時間には活動場所の自分の席で待つ．
```

図2-5-1　スクールスタンダードについてのアンケート用紙

```
　　　　　　　　　スクールスタンダード

◇あいさつを積極的にする．

◇次の活動の開始時間には，その場所についている．

◇人の話は，体を向けて静かに聴く．

◇他者を尊重する．
```

図2-5-2　スクールスタンダード

識が高まり，また教師は指導のルールを示しやすくなると考えられる。生徒会による啓発活動や，掲示物などにより，日常的に生徒や教職員によって環境作りが行われることも効果的である。スクールスタンダードを作成していくうえで大切なことは，多くの児童生徒が守れる具体的な行動を示し，肯定的な評価をしていくことである。

2）プログラム冊子の導入

問題行動に対して，全校で統一した対応，指導や支援ができるように全教職員に共通のプログラム冊子を導入する。

(1) 発達障害の定義と判断基準

全教職員が，発達障害特性への基本的な知識を得るために，国立特別支援教育総合研究所が出している発達障害の定義と判断基準をプログラム冊子に取り入れた（表2-5-1参照）。

(2) 発達障害の特性をもつ児童・生徒への基本的な対応

全教職員が，発達障害の特性への基本的な対応を実践できるように，発達障害の特性をもつ児童生徒への基本的な対応をプログラム冊子に取り入れた（表2-5-2参照）。

(3) 問題行動未然防止チェックリスト

全教職員が，児童生徒に問題行動を起こさせないために，環境整備や事前の対応だけでも防ぐことができるような問題行動未然防止チェックリストをプログラム冊子に取り入れた（表2-5-3参照）。このことにより，生徒指導に要する時間が減り，必要な支援に時間を取ることができるようになる。

(4) 学習支援カード

全教職員が，個別支援が必要な児童生徒に対して，共通理解のもと学習が進められるように学習支援カードを準備した（図2-5-3参照）。

(5) 生徒指導の記録用紙

実際に問題行動などが起きたときの初期対応は非常に重要である。そこで，問題発生時に誰が話を聞いても最低限度の情報を聞き出し，状況を整理するために，生徒指導の記録用紙をプログラム冊子に取り入れた（図2-5-4参照）。

(6) 行動分析用紙

問題行動にも意味（目的）がある。行動の意味を直前の事象（A）と直後の事象（C）から考え，それぞれにあった対応をすることが重要である。そこで，問題行動を三項随伴性（ABC分析）で考えることのできる行動分析用紙をプログラム冊子に取り入れた（図2-5-5参照）。三項随伴性とは「行動」の生起，消失を行動の前後の事象との関係で説明することである（表2-5-4参照）。

表 2-5-1　発達障害の定義と判断基準

【ADHD（注意欠如多動性障害）の定義】

　ADHDとは，年齢あるいは発達に不釣り合いな注意力，及び／又は衝動性，多動性を特徴とする行動の障害で，社会的な活動や学業に支障をきたすものをいう．また，症状は7歳以前に現れ，その状態が継続し，中枢神経系に何らかの要因による機能不全があると推定される．

【ADHD（注意欠如多動性障害）の判断基準】

（ア）以下の「不注意」,「多動性」,「衝動性」に関する設問に該当する項目が多く，少なくとも，その状態が6か月以上続いている．

○不注意

・学校での勉強で細かいところまで注意を払わなかったり，不注意な間違いをしたりする．

・課題や遊びの活動で注意を集中し続けることが難しい．

・面と向かって話しかけられているのに，聞いていないように見える．

・指示に従えず，また，仕事を最後までやり遂げることができない．

・学習などの課題や活動を順序立てて行うことが難しい．

・気持ちを集中させて努力し続けなければならない課題を避ける．

・学習などの課題や活動に必要な物をなくしてしまう．

・気が散りやすい．

・日々の活動で忘れっぽい．

○多動性

・手足をそわそわ動かしたり，着席していてもじもじしたりする．

・授業中や座っているべき時に，席を離れてしまう．

・きちんとしていなければならない時に，過度に走り回ったりよじ登ったりする．

・遊びや余暇活動におとなしく参加することが難しい．

・じっとしていない．または何かに駆り立てられるように活動する．

・過度にしゃべる．

○衝動性

・質問が終わらないうちに出し抜けに答えてしまう．

・順番を待つのが難しい．

・他の人がしていることをさえぎったり，じゃましたりする．

（イ）「不注意」,「多動性」,「衝動性」のうちのいくつかが7歳以前に存在し，社会生活や学校生活を営む上で支障がある．

（ウ）著しい不適応が学校や家庭などの複数の場面で認められる．

（エ）知的障害（軽度を除く），自閉症などが認められない．

【高機能自閉症の定義】

　高機能自閉症とは，3歳位までに現れ，他人との社会的関係の形成の困難さ，言葉の発達の遅れ，興味や関心が狭く特定のものにこだわることを特徴とする行動の障害である自閉症のうち，知的発達の遅れを伴わないものをいう．また，中枢神経系に何らかの要因による機能不全があると推定される．アスペルガー症候群については，知的発達の遅れを伴わず，かつ，自閉症の特徴のうち言葉の遅れを伴わないものである．高機能自閉症やアスペルガー症候群は，広汎性発達障害に分類される．

【高機能自閉症の判断基準】

（ア）知的発達の遅れが認められない．

（イ）以下の項目に多く該当する．

○人への反応やかかわりの乏しさ，社会的関係形成の困難さ

・目と目で見つめ合う，身振りなどの多彩な非言語的な行動が困難である．

・同年齢の仲間関係をつくることが困難である．

・楽しい気持ちを他人と共有することや気持ちでの交流が困難である．

〈具体例〉

・友達と仲良くしたいという気持ちはあるけれど，友達関係をうまく築けない．

・友達のそばにはいるが，一人で遊んでいる．

・球技やゲームをする時，仲間と協力してプレーすることが考えられない．

・いろいろな事を話すが，その時の状況や相手の感情，立場を理解していない．

・共感を得ることが難しい．

・周りの人が困惑するようなことも，配慮しないで言ってしまう．

○言葉の発達の遅れ

・話し言葉の遅れがあり，身振りなどにより補おうとしない．

・他人と会話を開始し継続する能力に明らかな困難性がある．

・常同的で反復的な言葉の使用または独特な言語がある．

・その年齢に相応した，変化に富んだ自発的なごっこ遊びや社会性のある物まね遊びができない．

〈具体例〉

・含みのある言葉の本当の意味が分からず，表面的に言葉通りに受け止めてしまうことがある．

・会話の仕方が形式的で，抑揚なく話したり，間合いが取れなかったりすることがある．

○興味や関心が狭く特定のものにこだわること

・強いこだわりがあり，限定された興味だけに熱中する．

・特定の習慣や手順にかたくなにこだわる．

・反復的な変わった行動（例えば，手や指をぱたぱたさせるなど）をする．

・物の一部に固執する．

〈具体例〉

・みんなから，「○○博士」，「○○教授」と思われている（例：カレンダー博士）．

・他の子どもは興味がないようなことに興味があり，「自分だけの知識世界」がある．

・空想の世界（ファンタジー）で遊び，現実との切り替えが難しい場合がある．

・特定の分野の知識を蓄えているが，丸暗記であり，意味をきちんとは理解していない

・とても得意なことがある一方で，極端に苦手なものがある．

・ある行動や考えに強くこだわることによって，簡単な日常の活動ができなくなることがある．

・自分なりの独特な日課や手順があり，変更や変化を嫌がる．

○その他の高機能自閉症における特徴

・常識的な判断が難しいことがある．

・動作やジェスチャーがぎこちない．

（ウ）社会生活や学校生活に不適応が認められる．

（出典：国立特別支援教育総合研究所）

表 2-5-2　発達障害の特性をもつ児童生徒への基本的な対応

【ADHD（行動抑制の障害）の特性への基本的な対応】
・叱責よりは，できたことを褒める（認める）対応をする．
・問題行動への対応では，行動観察から出現の傾向・共通性・メッセージを読み取る（ABC 分析）．
・不適応を起こしている行動については，その児童生徒と一緒に解決の約束を決め，自力ですることと支援が必要な部分を明確にしておく．
・サポートを得られる仲間が近くにいるかなど，グループ活動でのメンバー構成に配慮する．
・刺激の少ない学習環境を設定する．

【問題行動への対応の原則：即時対応，視覚化，一貫性，自己解決】
・後になって指導するのではなく，その場面で指導する．
・感情的にならず冷静に，じっくりと話を聞く．
・何が悪いのかを本人に気づかせる．
・どうすればよかったのか（次どうするか）本人と考える．
・対応の仕方をいくつか提案して選択させる（できること）．
・少しでもできたことを認めてのばす．
・以前の話をもちだして，指導・説教をしない．
・納得していないことに対して，謝罪や解決方法を強要しない．
※すぐ叱るのではなく，子どもに考えさせること．本人に何が悪かったのかを認識させると，指導が入りやすい．

【自閉症（コミュニケーションの障害）の特性への基本的な対応】
・図形や文字による視覚的情報の理解能力が優れていることを活用する．
・学習環境を本人に分かりやすく整理し提示する等，構造化を図る．
・問題行動への対応では，問題行動は表現方法の 1 つとして理解し，それを別の方法で表現することを教える（代替行動）．
・環境の構造化のアイディアを取り入れること（見通しがもてる工夫や，ケースによっては個別的な指導ができる刺激の少ないコーナーや部屋の活用等）が効果的である．
・情報の受け入れ方や心情の理解などにおいて，障害のない者とは大きく異なることを踏まえた対応をする．

【有効な支援方法：3S2R1】
・Simple：課題や指示は簡潔にする．
・Small step：課題は 1 つずつ，できたら次の課題へ移る．
・Sight or Schedule：見て確認できるための視覚的手がかりを準備する．
・Reinforcement：うまくできたら具体的なごほうびを準備する．
・Routine：パターンをきめて，繰り返す．
・One to one：一対一で指導する機会をつくる．

2 章　クラスワイドな支援から個別支援への実際　*81*

表 2-5-3　問題行動未然防止チェックリスト

【環境整備】
□窓や掲示物など気になるものからの席の距離や位置や方向が適切か.
□個人の机と机の間隔が適切か.
□壊れやすいものやはがれかけた掲示物の整理がなされているか.
□机の中やロッカー内の整理，ゴミ箱の中にまで注意を払っているか.
□整理しやすい引き出しや荷物・学用品置き場の工夫がなされているか.

【事前の対応】
□教師からの支援が得られやすい距離か.
□ちょっかいや話しかけに対して反応してしまいやすい仲間との距離やグループ作りが適切か.
□サポートを得られる仲間からの距離やグループ作りが適切か.
□クラス全体に仲間同士で助け合い，互いに努力や成功を応援する雰囲気があるか.
□スケジュールの変更，教室移動に対して対象児の見通しがつけられるような支援をしているか.
□はじめての行事や対象児が参加を苦手とする行事について保護者と事前の話し合いができているか.
□はじめての行事や対象児が参加を苦手とする行事について工夫やスモールステップが組まれているか.
□困った行動が起こらなくてすむ事前の対応を考えているか.
□提案を拒否されたときの次の手だてや対応が具体的に準備されているか.
□予測しがたい状況で起こってしまった困った行動に対して対応方法を準備しているか.

【学習場面】
□課題のレベルや量が適切か.
□板書の文字や量が適切か.
□プリントの文字の大きさ，記入欄が適切か.
□何をしてよいかわからない時間や状況への具体的対応が考えられているか.
□次の行動の手がかりとなる準備物などの情報の提示や掲示がなされているか.
□個別の指示や視覚的な支援の工夫がなされているか.

【機能的アセスメントと対応】（ABC 分析）
□困った行動を具体的に定義し，記録できているか.
□困った行動が起こる場面を予測できているか.
□困った行動の維持要因を仮説できているか.
□他の教師や家庭との共通理解ができているか.
□定期的な支援ミーティングを開ける体制があるか.
□教師やクラスメイトの対象児への注意の仕方や対応が適切か.
□しかったり注意したりするだけでなく，困った行動に対する適切な行動を対象児に説明し，促しているか.
□適切な行動に対してうまくほめたり，称賛したりできているか.
□クラス全体の取り組みをクラスの保護者に伝達する適切な手段があるか.

82

学習支援カード

※全授業担当者に配付する

　1　学年・組・氏名
　　　①成績
　　　②欠席日数・理由
　2　障がい名・特性
　例）①注意散漫で，注意がうつろいやすく，周囲をきょろきょろと見回す行動が多い．
　　　　また，状況と関係なく独り言を言ってしまう．
　　　②話し言葉の理解が迅速でなく，文章によるもののほうが理解しやすい．
　　　③文字を書くことが苦手である．
　3　必要とされる対応・合理的配慮
　例）①座席は，廊下側最前列を指定してください．
　　　②板書を書き写すのが遅いので，黒板をデジカメ等で撮影することを認めてください．
　　　③重要な指示は，板書，もしくは個別に伝えてください．
　　　④グループ活動時，一方的に話し続けたり，口調が強くなったりしたら止めに入ってください．
　　　場合によっては「落ち着いて」と言い，おさまらないときは避難スペースに移動を促しクールダウンさせてください．

以上，よろしくお願いします．

図 2-5-3　学習支援カード

記録者：	記録日：平成　　年　　月　　日（　　　　）
非行・事故の種類	
関係生徒名 （誰が，誰を）	
発生日時及び期間	月　　日（　），　　時　　分
非行・事故の概要	○どこで ○どのように ○どんな言葉で ○動機（なぜ） ○目撃者 ○他に一緒にいた生徒（人） ○その他の状況 【推測事項】 背景等
事後指導の経過	
今後の方針等	

〔事実確認で注意すること〕
・先入観を捨てる・時系列を明確にする・可能なら証拠写真を撮る（器物破損時等）．
・「事実なのか推測なのか」，「見たことなのか聞いたことなのか」，はっきり区別する．

図 2-5-4　生徒指導の記録用紙

児童生徒名

問題となっている行動

問題行動を起こす直前の行動や周りからの刺激

問題行動が続いている要因

直前の事象（A）	行動（B）	直後の事象（C）

図 2-5-5　行動分析用紙

表 2-5-4　三項随伴性の例

直前の事象（A）	行動（B）	直後の事象（C）
・テレビがついていない ・話しかけられたくない	・リモコンを押す ・常に本を読む	・テレビがつく ・話しかけられないですむ

2．UDL の取り組み

「UDL チェックリスト」を参考として授業づくりを全校で行った（表 2-5-5a，b，c 参照）。また，生徒がやるべきことへの見通しをもつことにより，安心感をもって活動に参加できるようにするためにスケジュールの提示は，学習のみでなく，集会や学校行事などの場面でも行った。

　学びのユニバーサルデザインは，すべての人に等しく学習の機会を提供するカリキュラムを開発するための一連の原則であり，すべての人に効果的な教育の目標，方法，教材教具，評価を作るための考え方である。しかし，それはある 1 つのものであったり，すべての人が 1 つのものに合わせるような解決方法だったりということではない。したがって，教師が，その人，その集団に合った必要な支援を行うことが必要である。

表 2-5-5 a　UDL チェックリスト・1 ［長澤, 2016］

1. 課題理解と提示

(1) 学びに適した環境設定
  ・授業の初めに，授業に必要なものが準備されているか確認する（教師・生徒自身で）.
  ・スケジュール表で，授業の流れや単元の見通しを示す.
  ・授業に集中して参加できるように座席の配置を工夫する.
  ・前時の学習内容を確認する（教師・生徒自身で）.
  ・本時の学習活動（きまり）と学習内容を提示する.
(2) 学習理解のための基本的な支援
  ・ことばだけでなく，視覚的手がかりを活用する（図，動画，シンボルなど）.
  ・ICT 機器を活用する（プロジェクター，電子黒板，書画カメラ，デジタル教科書など）.
  ・視覚情報（図，記号など）が理解できるよう，意味や内容をわかりやすく説明する.
(3) 教科の特性にあった提示の工夫
  ・学習に使用する重要な用語を明確にし，定義をわかりやすく説明する.
  ・数学や理科で使用する記号や公式をわかりやすく（視覚化，具体化）説明する.
  ・学習の重要な事柄（公式や図など）を表にして提示時間を確保する.
(4) 授業内容理解の基本的な支援
  ①板書の工夫.
  ・字を大きく間隔をあけるなど，見やすく書く.
  ・要点が理解できるよう，色を変えたり，アンダーラインを引いたりする.
  ・黒板を分割するなど，ゆっくり板書を写せるように工夫する.
  ・板書は1時間1枚にとどめ，思考の流れが（ノートをみると）一目でわかるようにする.*
  ②指示・説明の工夫
  ・教師に注目していることを確認して，指示・説明する.
  ・指示・説明が理解できているか，行動観察や質問で判断する.
  ・指示・説明は短く，具体的に，肯定的な表現を使う.
  ・メリハリのある言い方をする.
  ・全体に指示を出したあとで，適宜個別に指示する.
  ・説明を聞く時間と書く時間を別にする（書いているときには説明しない）.

　*板書とノートが対応できるように板書の仕方を工夫する.

表 2-5-5 b　UDL チェックリスト・2 ［長澤, 2016］

2. 考えの表現と課題解決

(1) 子どもの主体的な意思表現を促進する支援
  ・答えやすいように回答の選択肢を提示する.
  ・何でも言える雰囲気を作り，子どもの発言を積極的に認める.
  ・失敗に対して寛容的な雰囲気を作る.
  ・授業中，理解しているかどうか確認する（サイン，表示，クイズなど）.
  ・積極的に発言できるよう，考えをまとめる時間を確保する.

・どんな意見でも，発表できたことを評価する．
・ことばに変わる様々な意思表示手段（身振り，絵カード，文，VOCA*）を認める．

(2) 課題解決のための支援
・問題の解き方がわかる資料や教材を提供する．
・問題の解き方がわかるように ICT（パソコン，アプリ）を使う．
・課題解決のために図式化して考える方法を教える．
・課題解決の道筋を示す手続き表（マニュアル）やチェックリストを提供する．
・自分で調べる方法やツールを提供する（辞書，インターネット，アプリ）．
・机間指導をして課題解決を支援する．
・ティームティーチング（学習補助員，複数担任制）を導入する．
・ICT を使った双方向の学びを取り入れる（e ラーニング**，タブレットなど）．

(3) 他者の意見を理解するための支援
・提案された意見がわかるように提示する（板書の工夫，視覚化，ICT，ミニ黒板，ホワイトボードなど）．
・提案された意見が理解できるように工夫する（分類，概念化，対照表など）．
・ペアやグループなど，子ども同士が一緒に学習する活動を取り入れる．
・ペアやグループなど，役割分担し，協力して課題解決できる活動を取り入れる．

　* ことばに変わるコミュニケーション手段で，音声表出が可能な機器．
** 情報技術を用いて行う学習（学び）のこと（ウィキペディアより）．

表 2-5-5 c　UDL チェックリスト・3 [長澤，2016]

3．学びの自己管理と意欲

(1) 学習の意欲を高める工夫
・子どもの答えや意見を確認し，問われていることへの結果（正誤など）を明確にする．
・誤答や不明瞭な意見には，よりわかりやすい表現で再度質問する．
・子どもの答えや活動の結果を称賛する．
・正答ではない回答や不本意な結果に対しても，その努力を認める．
・学習目標の達成や学習活動の実行にトークンエコノミーシステムを導入する．
・達成感のある課題を出す．
・子どもが一人で取り組み，解決できるレベルの課題を出す．
・やさしい課題や目標からはじめ，段階的にレベルを上げる．

(2) 学習活動と学習内容の自己管理支援
・本時の学習の振り返りが自己評価できるよう，チェックリストを使う．
・学習活動と学習内容の自己評価を導入する．
・チェックリストの使い方を説明したり，練習したりする．
・ルールが守れたかセルフモニタリングを教える（導入する）：ユニバーサルプログラム．
・学習内容の理解を確認するために小テストを実施する．
・学習内容がわからなかったり，できなかったりしたときの対処方法を教える（準備する）．
・わからなかったことを解消できる資料を用意する（提供する）．

(3) 次の学びにつなげる支援
・本時に学んだことを前時の学習内容と関連づける．

・本時に学んだことを全体の単元と関連づける.
・本時の学びの定着をはかるために，課題を出す（宿題，発展課題など）.
・（各教科の）学力を客観的に自己評価できるようチェックリストを使う.

3. CWSST の取り組み

　望ましい行動の増加や人間関係の改善のために，全校生徒を対象として，あいさつ，感情のコントロール，聴き方，頼み方，断り方などの SST を学級ごとに取り組んだ。SST は，スキルの理解（説明），ロールプレイ（練習），評価，日常場面での実行から成り立っている。SST に関する実践例は数多く存在するため，学校の児童生徒の実態に合わせて行うことができる。しかし，CWSST のように，多くの児童生徒を教師一人で同時に評価していくことは難しい。したがって，グループによる協同学習により，複数の生徒が協同で課題に取り組み，互いに教えあいながら学ばせることも必要となってくる。ここでは，学校行事を通しての認め合い活動と全校で行った「人間関係改善の取り組み全校集会」を紹介する。

1）学校行事（体育祭）を通しての認め合い活動
　活動：図 2-5-6 の手紙を 5 通書く。3 通は宛名を最初から書いておき，2 通は自分が書きたい人に書く。手紙を書いた相手に渡し，図 2-5-7 のワークシートをまとめる。

2）全校で行った「人間関係改善の取り組み全校集会」
　「いじめを見逃さず，居心地のよい学校・学級にするために必要なこと」をテーマに設定し，学級，委員会，部活動で話し合い活動を行った（表 2-5-6 参照）。そして，それらの内容をもとに，全校集会を行い，「いじめ根絶宣言」を決定した（図 2-5-8 参照）。

2章　クラスワイドな支援から個別支援への実際　*87*

記　入　例

_____さんへ

私は，あなたを（明るくて，何事にも真剣に取り組む人）だと思います．

なぜなら，（体育祭の練習のときから，声をからして大きな声を出している）姿を見たからです．

そのとき，（とてもすばらしいな，私もがんばらないといけないな）と思いました．

図 2-5-6　認め合い活動で使用した手紙

体育祭を通して

ここに友達からの手紙を貼りましょう．

手紙を読んで感じたこと

授業を終えての感想

図 2-5-7　認め合い活動で使用したワークシート

表 2-5-6　学級・委員会・部活動の取り組み

各学級の意見（一部）

学　級	取　り　組　み
1年○組	・悪口を言わない → 人にストレスをためさせない ・あいさつを返す → 相手に気持ちを返す ・私語をしない → 居心地の良いクラスにする
2年○組	・悪口，態度，行動 → 良い所を見つける ・物のトラブル → 助けを求める ・あいさつ → 聞こえる声の大きさで，笑顔であいさつ
3年○組	・暴言，暴力をせず相手の気持ちを考えて，自分がされていやなことはしない ・孤立している人に周りの人が声をかけて，他者を尊重し絆を深める

各委員会の取り組み（一部)

委員会	活動内容
2学年委員会	・いやな言葉うれしい言葉アンケート ・劇（傷つく瞬間とうれしい瞬間を伝える)
保　健	・「悩みについて」アンケート
放　送	・クラスの思い出エピソード（各クラス代表から，思い出深いクラスのエピソード を昼の放送時に発表する)

各部活動委員会の取り組み（一部)

部活動名	問題点	改善策
ソフト ボール部	・言い方がきつい　・すぐきれる ・注意を聞かない　・グループ化	・優しく言う　・自分の間違いを認める ・聞こえた人が教える　・素直になる
剣道部	・男女の仲に壁がある ・人によって態度が変わる ・上下関係がない	・コミュニケーションをとる ・後輩は先輩を敬い，先輩は後輩の見本 になるような行動を心がける
吹奏楽部	・自分ができていないのに注意する ・温度差がある	・一人ひとりが責任感をもつ ・ネガティブな言葉をなくす ・厳しいことでも言える関係を築く

いじめ根絶宣言

一．私たちは誰とでも明るいあいさつを交わします

一．私たちはお互いの良さを見つけます

一．私たちは「いやだ」「やめろ」という勇気をもちます

一．私たちは傍観者にならず，間違っていることは勇気をもって注意します

一．私たちは常に相手の気持ちを考えて行動します

一．私たちは明るくさわやかに生活します

　そして，私たちは決していじめをしません !!!

図 2-5-8　いじめ根絶宣言

IV. 結果と考察

201X 年 6 月〜12 月に行った中学校での実践における生徒の変化を以下に示す。

1）Q-U 学級満足度尺度の結果

Q-U 学級満足度尺度の結果を図 2-5-9 に示した。学校全体でみると，満足群が 5 ％，非承認群が 4 ％増加し，侵害認知群が 6 ％，不満増群が 3 ％減少した。学年ごとにみると，1 年生では，満足群が 2 ％減少し，非承認群が 2 ％増加した。2 年生は，満足群が 1 ％，侵害認知群が 3 ％減少し，非承認群が 1 ％，不満足群が 3 ％増加した。3 年生は，不満足群が 6 ％，侵害認知群が 3 ％減少し，満足群が 8 ％，非承認群が 1 ％増加した。

2）Q-U 学校生活意欲プロフィール得点の結果

Q-U 学校生活意欲プロフィール得点の結果を図 2-5-10 に示した。学校全体でみると，友達関係の得点が 0.4 点，学級関係の得点が 0.7 点増加し，学習意欲の得点が 0.4 点，教職員関係の得点が 0.3 点減少した。学年ごとにみると，1 年生は，学習意欲の得点が 0.8 点，教職員関係の得点が 0.7 点，学級関係の得点が 0.2 点減少した。2 年生は，すべての項目の得点に変化がなかった。3 年生は，友達関係の得点が 0.4 点，学習意欲の得点が 0.4 点，教職員関係の得点が 0.4 点，学級関係の得点が 0.8 点増加した。

3）問題行動の発生件数

本実践を含む 3 年間の問題行動の発生件数を表 2-5-7 に示した。過去 2 年間と比較して，不登校生徒数は増加したが，他の問題行動の発生件数がすべて減少した。

4）考察

生徒の学校生活に関わる変化をみるために行った Q-U のデータは，学校全体でみると，ほとんどの項目で肯定的な変化を示し，生徒の問題行動の発生件数も減少した。このことから，「ユニバーサルな支援」が，問題行動を未然に防ぎ，学校生活場面での適切な行動を増やしていくことに有効であったと考えられる。

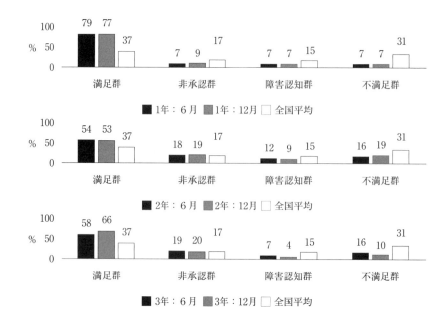

満足群:学級内に自分の居場所があり，学校生活を意欲的に送っている生徒．
非承認群:いじめや悪ふざけを受けてはいないが，学級内で認められることが少ない生徒．
侵害認知群:いじめや悪ふざけを受けているか，他の生徒とトラブルがある可能性が高い生徒．
不満足群:耐えられないいじめや悪ふざけを受けているか，非常に不安傾向が強い生徒．

図 2-5-9　Q-U 学級満足度尺度の結果

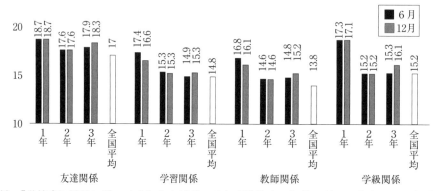

友達関係:「学校内に活動に誘ってくれる友達がいる」,「学校内に気軽に話せる友人がいる」,「人と仲良くする方法を知っている」,「友達との付き合いは自分の成長にとって大切である」．
学習意欲:「学校の勉強には自分から進んで取り組んでいる」,「得意な教科や好きな教科がある」,「授業の内容は理解できる」,「学習内容を理解するため自分なりの学習の仕方がある」．
教職員関係:「学校内に悩みを相談できる先生がいる」,「学校内に気軽によく話ができる先生がいる」,「担任の先生とはうまくいっている」,「先生の前でも自分らしく振るまっている」．
学級関係:「自分のクラスは仲の良いクラスだと思う」,「クラスの中にいるとほっとしたり明るい気分になる」,「クラスの行事に参加したり活動したりするのは楽しい」,「自分もクラスの活動に貢献していると思う」．
※数値は1項目5点，合計20点満点として算出した得点の学年平均点を示した．

図 2-5-10　Q-U 学校生活意欲プロフィール得点の結果

表 2-5-7　生徒の問題行動発生件数（実践年度：201X 年）

	窃盗	飲酒喫煙	暴力	校舎破損	授業妨害	いじめ	不登校	不登校傾向
201X − 2 年	0	1	13	4	3	7	8	4
201X − 1 年	1	1	8	3	3	4	10	5
201X 年	0	0	2	1	0	2	13	1

窃盗：校内，校外で確認し，保護者も含めて対応した盗みや万引きの人数.
飲酒喫煙：校内，校外で確認し，保護者も含めて対応した飲酒喫煙の人数.
暴力：校内，校外で確認し，保護者も含めて対応した対生徒間および対教師暴力の発生件数.
校舎破損：校内で確認し，保護者も含めて対応した校舎破損の件数.
授業妨害：授業の進行を妨害するような行為で保護者も含めて対応した発生件数.
いじめ：校内，校外で確認し，保護者も含めて対応したいじめの発生件数.
不登校：1 月末日において，欠席 30 日以上の生徒.
不登校傾向：1 月末日において，欠席 15 日〜 29 日までの生徒数.

Ⅴ．実践における教職員の変化

　201X 年 6 月〜 12 月に行った中学校での実践における教職員の意識の変化を以下に示す。
　図 2-5-11 に教職員の意識アンケートの結果を示した。教職員全体でみると，d「CWSST に意識的に取り組んでいる」以外の項目の肯定的な数値が上がっていた。また，教職員の「ユニバーサルな支援」に関する取り組みの肯定的な評価が上がった学年ほど，学年生徒の学校生活に対する肯定的な評価（Q-U）も上がっていた。そして，教職員の意識アンケートの結果から，UDL や CWSST の必要性を感じながらも，なかなか実践できていない学校現場の現状，発達障害の特性の理解に対する関心の高さ，そして学校現場における本実践のプログラム冊子（UP，UDL，CWSST の具体例）の有効性が，読み取れよう。

Ⅵ．まとめ：ユニバーサルな支援の実践に向けて必要なこと

1）実践の中で大切なこと
(1) 生徒指導についての UP（問題行動の予防と対応）
・統一ルールを設定し，全員同じ対応をする。

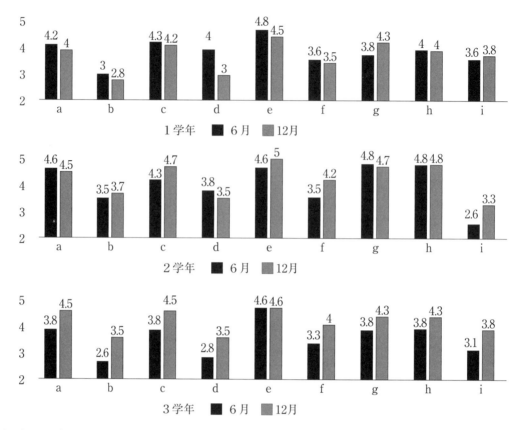

〔調査の項目〕
a：UDLは生徒の学習や行動を良くしていくことに対して有効である．
b：UDLに意識的に取り組んでいる．
c：CWSSTは生徒の学習や行動をよくしていくことに対して有効である．
d：CWSSTに意識的に取り組んでいる．
e：問題行動などへの対応に対して生徒の障害特性などを理解することは大切である．
f：問題行動などへの対応は，生徒の障害特性などを考慮して対応している．
g：問題行動などへの対応方法の具体例（マニュアル的なもの）があると良い．
h：この実践は，教員の手助けになる．
i：この実践は，教員の負担になる．

〔回答〕5：大変そう思う　4：そう思う　3：どちらともいえない　2：あまり思わない　1：全く思わない

図2-5-11　教職員の意識アンケート

・問題行動への対応では，ABC分析から出現の傾向・共通性・メッセージを読み取る．
・即時対応，視覚化，一貫性，自己解決を目指す．

(2) 学習についてのUDL（学習従事活動の改善）

・環境を整えた中で，多様な提示方法・表現方法・学習方法を保障する．
・すべての児童生徒に合う教え方はない．→個々に応じた段階的な支援も必要．

(3) 対人関係についてのCWSST（望ましい行動の増加や人間関係の改善）
・自尊感情を育てる。
・正しい自己理解をさせることも大切。
・「集団」で育つことの意義を教える。

2）学校の体制として大切なこと
①校内の教職員が中心となり，各校務分掌の主任と協力しながら学校に合った「ユニバーサルな支援」を計画し進める。
②一人ひとりの教員が専門性（UDL・UP・CWSST・合理的配慮など）を高め，学校で決めたルールやマニュアル，計画への共通理解を得るための研修時間を定期的に確保する。
③校内リソース（特別支援教室，放課後学習，特別支援学級）を整える。
④管理職がリーダーシップを取り，教職員をサポートする。

本研究は，「問題行動」への対応に苦慮している学校現場の状況を少しでも改善したいという気持ちから始まった研究であり，今回の「ユニバーサルな支援」は，基本的なUP，UDL，CWSSTを学校全体で取り組んでいくことで問題行動を未然に防ぎ，学校生活場面での良い行動を増やしていくことを目指した実践である（図2-5-12参照）。実践を進めていく中で，特別な教育的支援や合理的配慮が必然的に求められ，結果的には学習環境の改善や人間関係の改善にも繋がっていった。これらのことは，本研究の実践が，問題行動の予防，改善のみでなく，今後のインクルーシブ教育システム構築の基礎的環境整備のモデルとしても活用できるものであり，どの学校現場でも取り組みやすい実践の形を示すこと

図2-5-12　ユニバーサルな支援

94

ができたのではないかと考える。

付記：

本研究を公表するにあたり，当該校の校長の承諾を得ています。

〔文献〕

CAST（2011）*Universal Design for Learning　Guidelines* Version 2.0.　Wakefield, MA.〔バーンズ亀山静子・金子晴恵訳（2011）学びのユニバーサルデザイン・ガイドライン Ver.2.0.

中央教育審議会初等中等教育分科会（2012）共生社会の形成に向けたインクルーシブ教育システム構築のための特別支援教育の推進（報告）.

Crone, D. A. & Horner, R. H.（2003）*Building positive behavior support systems in schools: Functional behavioral assessment.* Guilford Press, New York.

長澤正樹（2014）問題行動を示す児童生徒を対象としたユニバーサルプログラムによる行動介入：学校全体を対象とした積極的な行動支援．新潟大学教育学部研究紀要，（1），56，87-93.

長澤正樹（2016）http://www.ed.niigata-u.ac.jp/~nagasawa/UDLchecklistver.2R.pdf

関戸英紀・田中　基（2010）通常学級に在籍する問題行動を示す児童に対する PBS に基づいた支援．特殊教育学研究，48（2），135-146.

田中淳司・柘植雅義（2012）中学校におけるスクールワイド SST の効果に関する実証的研究—生徒指導に特別支援教育の視点を取り入れた支援の効果と限界について—．国立特別支援教育総合研究所ジャーナル 創刊号，16-22.

図書文化社　Q-U 楽しい学校生活を送るためのアンケート．

♣ コメント

　問題行動を未然に防ぎ，学校生活場面での適切な行動を増加させるために，スクールワイドな支援として，ユニバーサルプログラム・学習のユニバーサルデザイン・クラスワイドソーシャルスキルトレーニングの３つを柱とした支援を中学校全体に対して行った。

　その結果，Q-U 学級満足度尺度ならびに Q-U 学校生活意欲プロフィール得点においておおむね良好な結果が得られた。また，生徒の問題行動の発生件数も減少した。さらに，教職員を対象とした意識アンケートの結果においても，概して肯定的な評価を得られた。

　これらの結果から，学校全体で取り組むユニバーサルな支援をより効果的に行うための校内支援体制の構築に向けて，必要とされる条件について検討がなされた。

　本実践研究のもつ独自性は，中学校においてスクールワイドな支援を行い，スクールワイドな支援が，中学生の生徒指導面，学習面，対人関係面において一定の成果をもたらす

ことを確認できた点にある。これまでわが国において，中学校を対象としてクラスワイドな支援を行った実践研究はほとんど見当たらない。一方，スクールワイドな支援といった観点から行われた研究は皆無であろう。したがって，本実践研究は，二重の意味でパイロット的な意義をもつ研究であるといえよう。

《高等学校》

6．特別な教育的ニーズのある定時制高校生に対する学習支援
——協同学習に相互依存型集団随伴性を組み合わせた介入の検討——

佐々木　一圭

Ⅰ．はじめに

　文部科学省［2009］の報告によれば，平成 20 年度の高等学校（以下，「高校」とする）
の特別支援教育の体制整備状況は，19 年度に比べ全体として整備は進んでいるものの小・
中学校に比べると遅れがみられ，「校内委員会の設置」，「特別支援教育コーディネーター
の指名」といった基礎的な整備は進んできているが，実際には機能していない場合がある，
と指摘されている。また，発達障害等の困難があるとされた生徒の高校進学者全体に占め
る割合は約 2.2 ％であるが，定時制課程（以下，「定時制」とする）だけでみると 14.1 ％
であり，さらに定時制には不登校の経験のある生徒，心理的なケアの必要な生徒，学習上
や生徒指導上の問題で苦慮している生徒などが多く在籍している，と述べられている。し
たがって，高校，とりわけ定時制に在籍する生徒の様々な特別な教育的ニーズに応じるこ
とは喫緊の課題であるといえよう。筆者自身，定時制の生徒と関わる中で支援の必要性を
感じている。
　しかしながら，定時制に在籍する生徒を対象に支援を行った研究は，これまでのところ
ほとんど見当たらない。数少ない定時制の生徒を対象とした研究の中で，若林・加藤
［2012］は，定時制の国語の授業を履修する異なる学年 3 学級の生徒（この中に発達障害
が疑われる生徒が 8 名含まれる）を対象に，非依存型および相互依存型集団随伴性が文章
表現数に与える影響について検討した結果，両者ともに課題達成行動の生起に影響を及ぼ
していたことを報告している。さらに若林・加藤［2013］は，定時制の国語の授業を履修
する 1 年の 2 学級の生徒を対象に，相互依存型および非依存型集団随伴性にパフォーマン
スフィードバック[†]を組み合わせた介入を実施し，語彙力の向上に及ぼす効果を検討した。
その結果，両者の介入条件が学級全体のテスト得点の増加を促進したことが明らかになっ
た。これらのことから，相互依存型集団随伴性は定時制に在籍する生徒にとっても有効で
あると考えられる。

同時に近年，特別な教育的ニーズのある子どもを含む授業づくりを支援する有効な指導方法として，「協同学習（cooperative learning）」が注目されている。協同学習とは，小集団を活用した教育方法であり，そこでは子どもたちが一緒に課題に取り組むことによって自分の学習とお互いの学習を最大限に高めようとする指導技法である［Johnson et al., 1993］。しかし，ただ小集団に分けて学習をするだけでは協同学習とはいえない。学習者を小集団にわけ，その集団内の互恵的な相互依存関係を基に，協同的な学習活動を生起させることが基本要素とされる。ここで重要なことは，単なる班に分けただけの「グループ学習」と本研究での「協同学習」を区別することである。協同学習の基本的な要素は，涌井［2013］によってまとめられている。その5つの基本的要素とは，

1. 互恵的な相互依存性（＝集団随伴性）
2. 互いに高め合うような対面的なやりとり
3. 個人の責任
4. ソーシャルスキルや協同・協働スキル
5. チームの振り返り

とされている。また，協同学習は，集団で協力しないと解決できない課題を学習の中に組み込むことで，子どもたちの協力や学び合いを促すことから，定型発達の子ども，特別な教育的ニーズのある子どもなど対象を問わず実践がなされてきている。

ジョンソンら［Johnson et al., 1984］は，協同学習に関連する成果として，学習到達度の上昇・グループ内の人間関係の改善や自尊心の向上・利他的な行動や援助行動の増加などをあげている。また，ジョンソンら［Johnson et al., 2000］が実施した協同学習のメタ分析によると，小学校から高校，さらには成人に至る調査において，協同学習は競争（competitive）学習や個人（individualistic）学習に比べて個々の学業達成にとって有効な手段である，と報告されている。最近では，わが国でも，学習障害を含む発達障害のある子どもが通常の学級で共に学ぶという協同学習の実践報告が，わずかではあるが報告されている［西川，2008；清水，2013］。

一方で，集団随伴性と協同学習を併用した研究もみられる。スラヴィン［Slavin, 1991］は，協同学習の際に，集団随伴性の効果を最大限に高めるためには，個人の責任と集団に対する強化子をうまく取り入れる必要がある，と指摘している。ジョンソンら［Johnson et al., 2007］は，協同する際の基本要素として，個人の責任と肯定的な相互作用をあげている。すなわち，肯定的な相互作用をもつ集団では目標に向けて意欲的に取り組むことができる，と考えられている。しかし，わが国においては協同学習と集団随伴性を併用した研究は，今のところ見当たらない。しかも，これらの指導方法は学年が上がるにつれて実践で用いられることが少なくなっている。

ここで紹介する研究では，特別な教育的ニーズのある生徒が在籍する定時制の数学の授業において，協同学習に相互依存型集団随伴性を組み合わせた介入を実施し，当該生徒の授業参加行動の改善，授業中の問題行動の低減，および学級全体の学業達成の向上を目指した指導を行った。そして，その結果から指導方法の妥当性について検討することを目的とした。

Ⅱ．方法

1．参加学級

公立Ａ高校の定時制に在籍する1年生2学級（以下，「学級1」・「学級2」とする。各16名在籍）の生徒を対象とした。Ａ高校の学校長・学年所属の教諭・養護教諭からの聞き取りによると，学級1・学級2ともに発達障害の疑われる生徒，学習面および生活面で支援を必要とする生徒が多いという実態が指摘された。また，学級1・学級2の数学を担当している教諭（以下，「担当教諭」とする）を含め，各教科担当の教諭から生徒の基礎学力の不足，授業に対する意欲の低下からくる授業の困難さがあげられていた。筆者自身も生徒と接する中で，診断の有無にかかわらず要支援の生徒が多いことを実感している。

2．参加生徒

担当教諭によると，両学級の生徒の数学の学力は，大多数の生徒が小学校4，5年程度であり，中学校前半程度の生徒が数名，小学校低学年程度の生徒が数名であった。行動観察の対象となる生徒については，担当教諭との協議の結果，学級2から4名の生徒を選定した。選定の基準として，授業に取り組むことが困難な生徒，授業中，離席をしたり，教室を抜け出したりして周囲の生徒への影響力の大きい生徒，心理的なケアの必要な生徒等の中から，早急に何らかの支援が必要とされる4名（男子1名・女子3名）の生徒を選んだ（表2-6-1参照）。

3．倫理的配慮

研究の実施にあたっては，データの取り扱いに関する守秘義務の遵守と研究結果の公表について学校長および担当教諭に説明と依頼をし，了承を得た。また，授業時に筆者から

2章　クラスワイドな支援から個別支援への実際　99

表2-6-1　行動観察の対象となった4名の生徒の行動特性

生徒	性別	行　動　特　性
A	女	学力は，小学校3・4年生程度．授業中は落ち着きがなく，私語が多いためによく注意を受ける．常にスマホをいじっており，授業を抜け出すことや遅刻も多い．
B	女	小学校の内容については理解できている．授業中は，私語・周りへのちょっかい・立ち歩きが多く，周りに迷惑をかけることも多い．数学の課題についてはやればできるが，取り組んでいない状態が続いている．
C	女	学力は，小学校3・4年生程度．授業中は，集中力が続かず，私語も多い．数学の課題には取り組むものの，少しでもできない問題があると「難しい，わからない」と声をあげ，学習を中断してしまう．
D	男	小学校の内容については理解できている．授業中は私語が多く，注意をうけると口答えをする．数学以外の教科でも反抗的で，教師は対応に苦慮している．中学校時は，ひきこもりの時期が続き，精神面でも不安定である．

学級2の全生徒に本研究への協力について説明と依頼をし，全生徒から口頭で了承を得た．さらに，学級1でも後日同様の支援を実施するということで担当教諭の了解を得た．

4．介入期間

201X年9月から11月末までの3か月間にわたり実施した．

5．介入場面

　必修科目である「高校数学入門」の時間（45分授業，週2回）を対象とした．ただし，授業時間については定時制の日課の特性上，休憩時間がないこと，授業の初めに担当教諭から事務連絡がある場合もあることから，毎回多少の時間変動が生じた．担当教諭は，教員経験6年目の男性であった．授業で扱う内容については，担当教諭と協議をした結果，生徒の学習状況を勘案して計算問題を中心とし，四則演算・小数・分数を扱うことにした．なお，授業が進むごとに難易度は若干上昇していった．筆者は，A高校のスクールカウンセラーであったため，日頃から授業支援というかたちで担当教諭の授業にかかわっており，また生徒との親和関係も築かれていた．したがって，観察中に生徒から質問や支援の要請

があった場合に，観察に支障のない範囲で対応した。なお，本研究では学級2を行動観察の対象とし，学級1については学級2と比較するために，学業達成の指標である小テストの得点だけを観察の対象とした。

6．手続き

　授業では，単位の変換および分数・小数を含む四則演算の基礎的な問題を扱うプリントを用意し，使用した。そして，毎回授業の終わりには10分程度の時間を確保し，授業で扱った内容と同程度の問題を5題用意して小テストを行った。学級1に対しては，ベースライン期（以下，「BL期」とする）と同様の集団一斉授業を全介入期間を通じて継続した。学級2に対してはABCデザイン†により以下の手続きを行った。なお，担当教諭は台本（表2-6-2）を参照しながら手続きを遂行した。

1）BL期
　担当教諭は，学級1と同様に集団一斉授業を実施した。

2）介入1期：協同学習
　授業場面において3人～5人1組で集団を構成し，小集団での学習とした。集団の編成は担当教諭と協議し，生徒間の人間関係を考慮して行った。協同学習では，「グループの全員が小テストで満点をとれるようにすること」を目標として設定した。各集団には必ず1人は授業で扱う学習内容を理解している生徒を含め，その生徒を班長として学習の進行を任せた。また，班長には事前に協同学習の進め方を記載してあるプリントを配付した上で，集団での学習の手続きを説明し，理解を促した。集団での学習の間，担当教諭は机間指導を行って各集団の進捗状況を随時確認し，生徒から質問や支援の要請があった場合に学級全体もしくは個別に解説を行った。さらに，生徒間で説明を行う際の補助具として，各集団にホワイトボードとマーカーを1組用意した。なお，授業時間の都合上，介入1期において小テストを1回実施することができなかった。

　協同学習の取り組み方については，涌井［2013］の定義を参考にし，全生徒に次のような教示を行った。①グループの席に移動する。②各自，プリントの演習問題に取り組む（以下，班長を中心に課題を進める。ホワイトボードの使用は可能である。途中，生徒から質問や支援の要請があった場合に担当教諭は学級全体もしくは個別に解説を行う）。③お互いに解答を確認し合い，正答だった人が誤答だった人に解き方を説明する。④最終的に，グループの全員が小テストで満点をとれるように学び合う。

2章　クラスワイドな支援から個別支援への実際　*101*

表 2-6-2　担当教諭用台本

手続き	内　　　容
BL 期	1　数学のプリントを配付し，設問にそって集団一斉授業を実施する． 2　授業終了前に小テストを行うことを伝え，10 分間の小テストを実施する．終了後に，答案用紙を回収する．
介入 1 期 協同学習	1　協同学習を実施することを伝える．協同学習の進め方・約束事について記載されているプリントを配付すると同時に，全員に向けて口頭で確認する．生徒の理解がすすむまで継続する（3 回程度）． 2　協同学習の席への移動を指示する．各生徒の席は固定しておく．プリントを配付する．担当教諭は各グループの進捗状況を確認する．また，グループから要請があった場合に，質問等への解説を行う． 3　授業終了前に小テストを行うことを伝え，生徒に元の席に移動するよう指示する．10 分間の小テストを実施する．終了後には，答案用紙を回収する．
介入 2 期 協同学習＋ 相互依存型 集団随伴性	1　協同学習に入る前に，学級全体の小テストの平均点の推移を示した折れ線グラフ（筆者が作成）を黒板に掲示し，前回の結果が基準に達していた場合には，成績に加点をすることを伝える． 〈教示の例〉 　・成績に加点する場合 　「前回のクラスの平均点は，○点でした．基準の 3.5 点（もしくは 4.0 点）を上回ったので，クラスの全員の成績に加点します」 　・加点しない場合 　「前回のクラスの平均点は□点でした．残念ながら基準の 3.5 点を上回ることができなかったので，次回がんばってください」 2　協同学習の席へ移動することを指示する．※協同学習の進め方は介入 1 と同じ． 3　授業終了前に小テストを行うことを伝え，生徒に元の席に移動するよう指示する． 　10 分間の小テストを実施する．終了後には，答案用紙を回収する．

　また，注意事項として以下の内容を口頭およびプリントで説明した．⑤グループ学習では，お互いに協力しながら学習を進めていく．⑥話し合いの際に，学習の妨げとなる言動についてはお互いに気をつける．⑦相手を傷つける言葉・攻撃的な言葉を避ける．⑧お互いの立場を尊重しながら学習を進める．

3）介入 2 期：協同学習＋相互依存型集団随伴性

　介入 1 期と同じ集団で協同学習を実施した．協同学習に入る前に，前回までに実施された，学級全体の小テストの平均点の推移を示した折れ線グラフを全生徒に提示した．達成

基準についても同様に提示した。そして，前回の小テストの結果が達成基準を上回っていた場合には，生徒全員に対して成績への加点を行うことを伝えた。その後，生徒は協同学習と小テストに取り組んだ。なお，授業時間の都合上，介入2期において小テストを1回実施することができなかった。

7．達成基準と強化子

これまでの学習の取り組みならびに平均点をもとに担当教諭と協議を行い，小テストで出題された5題の7割の得点にあたる3.5点以上の平均点で加点，4.0点以上の平均点でさらなる加点をすることを基準とした。学級全体の小テストの平均点がこの基準に達した場合に，学級の生徒全員に成績評価への加点を強化子として与えた。なお，加点については成績をつける際に参考とする評価項目に追加することにした。

8．記録方法と評価

1）学業達成度
学級1・学級2の授業で実施される小テストの得点を指標とした。その際に，学級内で達成基準に達した人数の割合を学業達成度とした。

2）授業参加率と問題行動の生起率
数学の集団一斉授業または協同学習の始まりから小テストを実施する前までの時間を測定時間（約20～30分）とし，学級2の対象生徒4名の授業参加行動および問題行動の生起数を1分間のタイムサンプリング法で同時に記録した。なお，記録の際には，スマートフォンのタイマーを使用し，片耳にイヤホンをつけた状態で1分ごとに観察を実施した。授業参加行動は以下のように定義した。

①授業に関連のある質問をする。②教師の発問に答える。③授業で与えられた問題を解く，もしくは説明をする。④授業に関する内容をプリント・ホワイトボード等に記入・記述する。⑤説明している人の話を聞く。

また，問題行動の定義については，事前の授業観察を踏まえ，担当教諭との協議の上で次のように定義した。①私語・不適切な発言をする。②携帯電話の操作を行う。③居眠りをする。④立ち歩く。⑤授業で使用しない本を読む。⑥菓子などを食べる。⑦落書きをする。なお，ぼんやりしている状態やいずれの行動にもあてはまらない行動を「その他」として扱い，その様子を記録した。

授業参加率および問題行動の生起率の算出方法は，いずれかの行動が生起したインターバル数を観察した全インターバル数で割り，それに100をかけて算出した。

9．介入受容性

1）担当教諭
介入2期の授業終了時に，担当教諭に対して介入の受け入れに関する主観的評定（表2-6-3参照）を依頼した。尺度はIntervention Rating Profile-15［Martens et al., 1985］を参考に作成した。担当教諭は，15項目に，同意する程度に応じて「まったく思わない」〜「強く思う」の6段階のスケールに評定を記入するように求められた。評定された各項目の得点は合計され（得点の範囲は15〜90点），その合計得点が高いほど担当教諭は介入に対する受容性が高いことを示す。なお，介入受容性の有無は，フォン・ブロックとエリオット［Von Brock & Elliot, 1987］の基準に基づき，尺度得点の7割にあたる52.5点をカットオフポイントとして操作的に定義した。また，本介入への感想も自由記述により求めた。

2）生徒
介入2期の最終日に，学級2の全生徒に対してアンケートを実施した。アンケートは，Student Survey Responses［Ennis, 2014］を修正して使用し，①グループでの学習スタイルは好きか，②グループの学習は数学を学習するうえで役に立ったか，③グループのメンバーと協力して学習を進めることができたか，④グループのメンバーから嫌なことを言われたり，されたりしたか，⑤グループでの学習と通常授業では，どちらの形式の授業が好きか，の5項目で構成された。評定は，「はい」，「いいえ」で回答を求めた。また，本介入への感想も自由記述により求めた。

10．介入厳密性

毎回，授業の開始前に担当教諭と台本の打ち合わせを行った。授業中には担当教諭に示した台本（表2-6-2参照）に基づいて，項目ごとの担当教諭の遂行状況を筆者が直接観察し，チェックを行った。その結果，すべての授業において台本と一致した授業が行われていた。

11．信頼性

1）観察の信頼性

　授業参加率と問題行動の生起率については，大学教員および教員経験のある特別支援教育専攻の大学院生1名に第二観察者として同時に観察を依頼し，一致率をチェックした。ランダムに設定した全セッション中の約30％（計4回）について筆者と第二観察者が同時に観察を行い，データの信頼性を測定した。一致率は，一致したインターバル数を観察した全インターバル数で割り，それに100をかけて算出した。その結果，一致率は92.3％であった。なお，介入期間中のビデオや写真による撮影は，学校長の了解が得られなかったため実施しなかった。

2）授業時の演習問題と小テストの問題の同質性

　生徒が授業時に解答する演習問題と小テストで解答を求められる問題の同質性を確認するために，特別支援教育専攻の学部生・大学院生4名に実際に両者のすべての問題を解答してもらった。また，小学4年生の児童1名にも同様に解答してもらった。その結果，解答者から両者は同質であるという回答を得られた。

3）学級1・学級2のクラスの同質性

　学級1・学級2の生徒の数学の学力に差がないことを確認するために，BL期の両学級の得点に対しt検定を実施した。その結果，学級1・学級2の得点間に優位差はみられず，同質の集団であるとみなした。

Ⅲ．結　果

1．学業達成度

　学級1・学級2において達成基準に達した生徒の割合を図2-6-1に示した。学級1での各条件期における達成基準達成者の割合の平均は，BL期63.0％，介入1期46.3％であったが，介入2期3.7％と大幅に低減した。一方，学級2での各条件期における達成基準達成者の割合の平均は，BL期61.5％，介入1期49.5％，介入2期38.0％と漸減傾向を示した。

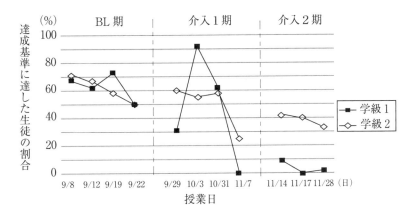

図 2-6-1　学級別達成基準に達した生徒の割合
難易度は後半に進むにつれて高くなっている．

２．授業参加率と問題行動の生起率

4名の対象生徒の授業参加率および問題行動の生起率の推移を図 2-6-2 に示した．

(1) 生徒 A

各条件期における平均授業参加率は，BL 期 77.0%，介入 1 期 75.7% であったが，介入 2 期で 92.0 % と増加した。一方，問題行動の平均生起率は，BL 期 14.8%，介入 1 期 14.3 % であったが，介入 2 期では 6.0 % と半減した。

(2) 生徒 B

各条件期における平均授業参加率は，BL 期 60.7 % であったが，介入 1 期 84.5 %，介入 2 期 82.3 % と介入期で増加した。一方，問題行動の平均生起率は，BL 期で 26.3 % であったが，介入 1 期 11.5 %，介入 2 期 10.7 % と介入期で半減した。

(3) 生徒 C

各条件期における平均授業参加率は，BL 期 63.5 % であったが，介入 1 期 90.0 %，介入 2 期 91.5 % と介入期で大幅に増加した。一方，問題行動の平均生起率は，BL 期 19.8 % であったが，介入 1 期 5.6 %，介入 2 期 3.5 % と介入期で大幅に低減した。

(4) 生徒 D

各条件期における平均授業参加率は，BL 期 37.0 % であったが，介入 1 期 78.0 %，介入 2 期 83.5 % と介入期で倍増した。一方，問題行動の平均生起率は，BL 期 48.6 % であったが，介入 1 期 18.6 %，介入 2 期 13.3 % と介入期で大幅に低減した。

3．介入受容性

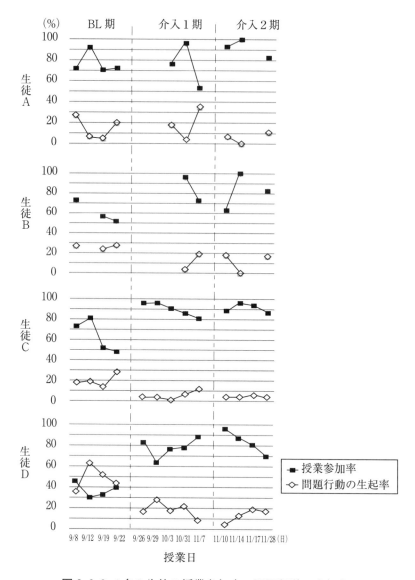

図 2-6-2　4名の生徒の授業参加率・問題行動の生起率
　　　　　生徒 A・B においてデータが欠落しているのは欠席したためである．

1）担当教諭

　評価得点の合計は 62 点であり，事前に設定したカットオフポイントである 52.5 点を上回る結果となった（表 2-6-3 参照）。また，自由回答では，「協同学習でホワイトボードを使用することで，生徒に質問や説明がしやすい雰囲気が生まれた」，「小テストを導入したことで，生徒の中に目的意識が生まれ，集中力が上がった」，「普段，目の届きにくい生徒に対しても説明がいき届くようになった」という評価があった。その一方で，協同学習では「グループになることで全体への指示が通りにくかった」という感想もあげられた。

2章　クラスワイドな支援から個別支援への実際　*107*

表2-6-3　介入受容性（教師対象）の質問項目と回答結果

質　問　項　目	回答
1．今回の方法は生徒の問題行動に対して受け入れやすい方法でした．	5
2．一般の教員は，現在生徒に生じている問題行動以外に対しても，この方法が使用できると思います．	4
3．今回の方法は，生徒の問題行動を減らすために効果がありました．	4
4．私はこの方法の使用を他の教員にもすすめます．	4
5．今回の方法が生徒の問題行動に対して適切な方法であると判断します．	3
6．一般の教員は，今回の方法が生徒の問題行動を減らすために適したものであると考えると思います．	4
7．今回の方法を学級でこれからも活用したいです．	4
8．今回の方法は，生徒に対して悪影響を及ぼすことはありませんでした．	4
9．今回の方法は，様々な生徒にとって適切だと思います．	5
10．今回の方法は，私が普段教室で使っている方法と一貫したものでした．	3
11．今回の方法は，生徒の問題行動を取り扱うにあたって公正な方法でした．	4
12．今回の方法は，生徒の問題行動への対応として納得のいくものでした．	4
13．私は今回の取り組みの中で用いた方法はよかったと思います．	6
14．今回の方法は，生徒の問題行動を扱うのに好ましい方法でした．	4
15．全体的に，この方法は生徒にとってためになるものでした．	4

評定項目は，「1：まったく思わない」，「2：思わない」，「3：あまり思わない」，「4：すこし思う」，「5：思う」，「6：強く思う」であった．

2）生徒

　全生徒の回答の結果から，①グループでの学習スタイルは好きかについては，66.6％が「はい」と回答した。②グループの学習は数学を学習するうえで役に立ったかについては，58.3％が「はい」と回答した。③グループのメンバーと協力して学習を進めることができたかについては，75.0％が「はい」と回答した。④グループのメンバーから嫌なことを言われたり，されたりしたかについては，92.0％が「いいえ」と回答した。⑤グループ学習と通常授業では，どちらの形式の授業が好きかの回答は，「グループ学習」が58.0％，「通常授業」が33.0％，「未回答」が9.0％であった。

Ⅳ．考察

1．学業達成度

　達成基準に達した生徒の割合の平均は，学級1・学級2ともにBL期・介入1期・介入

2期と授業回数を重ねるごとに低減傾向を示した。これは，授業で扱う四則演算の難易度の上昇に伴って小テストも難易度を増したからであろうと推測される。しかし，達成基準に達した生徒の割合の平均は，学級1・学級2ともにBL期・介入1期ではほぼ同水準であったにもかかわらず，介入2期になると学級1では大幅に低減した。このことから，学業達成度に及ぼす影響は，協同学習ではみられなかったが，相互依存型集団随伴性ではみられたといえよう。とりわけ，上位層の生徒間においては，小テストを実施することでテスト結果の競い合いや問題に対する会話の増加が観察された。また，授業で使用したホワイトボードについては，いたずら書きをしてしまうのではないかというリスクもはらんでいた。しかし，あえてそれも生徒間のコミュニケーションと捉え，使用することにした。結果，初期の段階では多少のいたずら描きをする様子も見受けられたが，授業の回数が増えるにつれホワイトボードを活用し，お互いに説明し合う場面も増加した。さらには，机間指導の際のちょっとした解説に便利であり，また生徒の中には，ノートに演習するよりもホワイトボードに書くことを好む様子が多々見受けられた。最終的には，効果的なツールとして使用できたと考える。

　協同学習において学業達成度への影響がみられなかった要因として次の4点が考えられる。

　まず1点目として，授業回数の少なさがあげられる。本研究では介入1期の授業回数が4回にすぎなかった。協同学習においても，ある程度の授業回数を重ねることによって，生徒間に慣れや深まりが生じることが予測される。したがって，介入1期において一定回数の協同学習による授業が行われていれば，学業達成度に影響を及ぼした可能性が推察される。一方で，介入2期において学級2の低減率が学級1に比べて低かったのは，協同学習に対して生徒間に慣れや深まりが生じたからであるとも考えられよう。

　2点目として，協同学習に対する介入厳密性の問題があげられる。本研究では，担当教諭が台本に基づいた授業を行っているか否かの評価が行われたが，生徒が互恵的な相互依存関係等協同学習の基本要素を満たした活動を行っていたかどうかについての評価は行われなかった。生徒の介入受容性に関するアンケート結果においても，③グループのメンバーと協力して学習を進めることができたか，について「はい」と回答した生徒は，75.0％であった。また，協同学習では互恵的な相互依存関係による学びが求められるものの，今回の集団では教える側と教わる側が一方通行の関係になりがちであった。したがって，今後は生徒が協同学習の基本要素を満たしているかどうかに関する介入厳密性を評価する必要がある。

　3点目は上述したことと関連するが，集団編成の問題があげられる。集団の中に授業で扱う学習内容を理解している生徒を必ず1人は含め，班長として学習の進行を任せた。し

かし，班長が必ずしも教えることに長じているとは限らない。なかには，黙々と自分の課題にだけ取り組んでいる班長，与えられた課題を解答することができても他の生徒に教えることに苦慮している班長も見受けられた。その結果，質問が担当教諭や筆者に集中してしまう場面も生じた。したがって，集団編成には，生徒間の人間関係や課題に対する理解度を含め，十分な配慮が必要であるといえよう。

　4点目として，本研究での強化基準の設定が妥当であったのかを検証する必要がある。強化基準をテスト得点の7割に当たる3.5点以上とした。この基準については，担当教諭との相談の上，基本的な内容ということもあり最低限7割以上は理解してほしいという思いがあった。しかし，実際に実施してみると全体の平均点が達成基準点を超えることがなかった。特に，低学力の生徒にとっては短期間に点数の上昇にまで至らなかったといえる。

　一方，相互依存型集団随伴性が学業達成度に影響を及ぼした要因として，次のことが考えられる。スラヴィン［Slavin, 1991］は，協同学習の際に，集団随伴性の効果を最大限に高めるためには，集団に対する強化子と個人の責任をうまく取り入れる必要がある，と指摘している。本研究においても，学級全体の小テストの平均点が達成基準を上回った場合に全生徒の成績に加点を行う，という具体的な目標と強化子を設定したことが，生徒の動機づけを高めたと推察される。介入2期になると，特に小テストの得点上位生徒の間で，授業内容に関する会話の量が増加したり，小テスト終了後に生徒どうしで正答の確認をし合ったりする場面がみられたことも，その証左として考えられよう。したがって，本研究の結果は，相互依存型集団随伴性は学業達成度に影響を及ぼすという，若林・加藤［2012, 2013］の研究結果を支持するものであるといえよう。ところで，本研究では，学級全体の小テストの平均点が達成基準を上回った場合に全生徒の成績に加点を行うことにした。ロドリゲツとアンダーソン［Rodriguez & Anderson, 2014］は，相互依存型集団随伴性を複数の小集団で実施し，達成基準に達した集団を強化する方法が，学業の従事・遂行・正確さの促進に有効であった，と述べている。したがって，本研究においても，学級全体の小テストの結果ではなく，各小集団が達成基準に達した場合に強化するという方法を用いることによって，生徒一人ひとりの個人の責任がより明確化され，学業達成度の向上により大きな影響を及ぼしたであろうと推察される。

2．授業参加率と問題行動の生起率

　生徒Aは，介入2期で平均授業参加率が増加し，問題行動の平均生起率が半減した。一方，生徒B・C・Dは，介入1期で平均授業参加率が増加し，問題行動の平均生起率が大幅に低減した。生徒Aでは協同学習を導入後，授業参加率の増加は見られなかったもの

の，授業後に担当教諭に質問に行く場面がみられた。また，生徒A・Bは，欠席が多く，授業参加度が安定しなかったものの，協同学習では仲の良い生徒に積極的に質問をする様子もみられた。生徒Cは，一斉集団授業では集中が続かない場面が多くみられたが，協同学習では他の生徒とともに課題に取り組む機会が大幅に増加した。また，授業後に補習があるときには参加するなど学習意欲にも変化がみられた。生徒Dには，一斉集団授業では与えられた課題を終えてしまうと，残った時間は大声で周囲の生徒に話しかけることが常にみられた。しかし，協同学習では彼を班長にしたところ，他の生徒に積極的に解説を行う場面がみられた。後日，彼に協同学習の感想を尋ねたところ，「暇な時間がなくなるからいい。楽しかった」と答えた。これらのことから，協同学習は授業参加率の増加ならびに問題行動の生起率の低減に有効であり，しかも相互依存型集団随伴性と組み合わせることによってさらにその効果が増大すると考えられる。

　協同学習が授業参加率の増加ならびに問題行動の生起率の低減に有効であった要因として以下の2点が考えられる。まず，協同学習の基本要素である互恵的な相互依存関係や対面的なやりとりが，授業参加率の増加ならびに問題行動の生起率の低減に影響を及ぼしたと考えられる［涌井，2013］。前述したように，協同学習では生徒A・Bが仲の良い生徒に積極的に質問をする場面がみられたこと，また，生徒Dが他の生徒に積極的に解説を行ったり，感想を尋ねられて暇な時間がなくなるからいい，と答えたりしたことなどが，その証左としてあげられよう。次に，介入1・2期では，期せずして対立行動分化強化［Alberto & Troutman, 1999］を行っていたと考えられる。すなわち，授業参加行動と問題行動は同時に行うことができない対立行動であり，適切な行動である授業参加行動が増加すると強化され，また介入2期ではこのことが成績の加点につながった。その結果，授業参加率が増加し，問題行動の生起率が低減したと考えられる。

3．本指導方法の妥当性

　本研究では，特別な教育的ニーズのある生徒が在籍する定時制の数学の授業において，協同学習に相互依存型集団随伴性を組み合わせた介入を実施し，当該生徒の授業参加行動の改善・授業中の問題行動の低減，および学級全体の学業達成の向上を目指した指導を行った。その結果，授業参加率の増加・問題行動の生起率の低減がみられ，学業達成度にも影響を及ぼしていた。また，担当教諭ならびに全生徒を対象とした介入受容性においても肯定的な評価を得ることができた。しかも，本介入は担当教諭1人でも計画から実践までが可能なため，担当教諭の負担を軽減させる意味でも実施しやすい方法であったと考えられる。以上のことから，本指導方法は妥当であったといえよう。一方で，本研究で介入

２期の方略を「相互依存型集団随伴性」としたが，厳密にみればパフォーマンスフィードバックも併用したことになる。したがって，結果の解釈については，「相互依存型集団随伴性」の効果だけとは言い切れない面もあろう。

　ところで，冒頭で述べたように，定時制には学習上の問題で苦慮している生徒が多数在籍している。しかも，これらの生徒の学力には大きな幅があることから一斉集団授業では学習内容の理解が困難なため，多くの生徒が個別支援を必要としていると推察される。しかしながら，当該の生徒全員に対して個別支援を行うことは担当教員の負担やコストも大きく，実現は容易ではない。これに対して，関戸・安田［2011］は，クラスワイドな支援を基盤としたうえで個別支援を導入した支援方法は，担任に負担をかけることなく，複数の児童が対象であっても問題行動の改善を可能にし，さらには他の児童に対しても適切な行動の増大をもたらしたことを報告している。したがって，今後は，まずは協同学習と相互依存型集団随伴性を基盤としたクラスワイドな支援を行い，それだけでは課題に対する理解が十分でなかった生徒（結果として，個別支援を必要とする生徒をスクリーニングすることになる）に対して補習等の個別支援を行うことが，低コストで，しかも学級の全生徒にとって有益な支援体制の構築につながるであろうと考えられる。

Ｖ．おわりに

　今回の実践研究を実施してまず感じたことは，すべての生徒が学びに対して前向きに取り組んでくれたことである。特に，数学につまずきのある生徒が演習問題に向き合い，理解できた時に「あー，なるほど。そうやって解くのね」と進んで演習を進めていく様子は印象的であった。本研究で取り扱った内容は，小学校の中学年で学ぶ内容である。ここでの学習内容は，いわゆる「9歳の壁」ともいわれ，この年齢で授業についていけなくなり，つまずく児童が多いともいわれる。今回，定時制の生徒を対象として，改めてこの課題を認識した次第である。授業についていけなくなった結果，学校がつまらなくなった生徒が，高校で再び授業に向き合う姿は，筆者にとっても喜びであった。学校教育において，学びへの探究心を育て，落ちこぼれる児童生徒を一人でも減らすために，学業が苦手な児童生徒に対するより効果的な支援が求められている。

　とりわけ本研究においては，現場の教師にとっても理解しやすく，かつ手間のかからない再現しやすい方法を念頭におき，実施した。今後，学校現場において教師の負担が少なく，エビデンスのある方略が浸透していくであろう。今回紹介した方略が少しでも現場で役に立てば幸甚である。

〔文献〕

Alberto, P. A. & Troutman, A. C. (1999) *Applied behavior analysis for teachers*. (5th ed.). Prentice Hall, Upper Saddle River, New Jersey. 〔佐久間　徹・谷　晋二・大野裕史訳（2004）はじめての応用行動分析　第2版. 二瓶社〕

Ennis, C. (2014) *An evaluation of group contingency interventions : The role of teacher preference*. http://scholarcommons.usf.edu/cgi/viewcontent.cgi?article=6207&context=etd（Retrieved March, 2014).

Johnson, D. W., Johnson, R. T., & Holubec, E. J. (1993) *Circle of learning: Cooperation in the classroom*. (4th ed.). Interaction Book Company.〔杉江修治・伊藤康児・石田裕久・伊藤篤訳（1998）学習の輪—アメリカの協同学習入門—. 二瓶社〕

Johnson, D. W., Johnson, R. T., Holubec, E. J., & Roy (1984) *Circles of learning: Cooperation in the classroom*. (1st ed.). Association for supervision and Curriculum Development, Alexandria, Virginia.

Johnson, D. W., Johnson, R. T., & Smith, K. (2007) The state of cooperative learning in postsecondary and professional settings. *Educatioal Psychology Review*, 19, 15-29.

Johnson, D. W., Johnson, R. T., & Stanne, M. B. (2000) *Cooperative learning methods: A meta-analysis*. http://www.ccsstl.com/sites/default/files/Cooperative%20Learning%20 Research%20.pdf (Retrieved May 16, 2014).

Martens, B. K., Witt, J. C., Elliott, S. N., & Darveaux, D. X. (1985) Teacher juggement concerning the acceptability of school-based interventions. *Professional Psychology: Resarch and Practice*, 16, 191-198.

文部科学省（2009）高等学校における特別支援教育の推進について　高等学校ワーキング・グループ報告.

西川　純（2008）気になる子の指導に悩むあなたへ—学び合う特別支援教育—. 東洋館出版社.

Rodriguez, B. J. & Anderson, C. M. (2014) Integrating a social behavior intervention during small group academic instruction using a total group criterion intervention. *Journal of Positive Behavior Interventions*, 16, 234-245.

関戸英紀・安田知枝子（2011）通常学級に在籍する5名の授業参加に困難を示す児童に対する支援—クラスワイドな支援から個別支援へ—. 特殊教育学研究, 49, 145-156.

清水笛子（2013）知的障害教育における協同学習の実践と課題. 静岡大学教育学部研究報告（人文・社会・自然　科学篇）63, 247-255.

Slavin, R. E. (1991) Synthesis of research on cooperative learning. *Educational Leadership*, 72-81.

Von Brock, M. B. & Elliot, S. N. (1987) Influence of treatment effectiveness information on the acceptability of classroom interventions. *Journal of School Psychology*, 25, 131-144.

若林上総・加藤哲文（2012）発達障害のある高校生が参加するグループ学習での集団随伴性の適

用. 行動療法研究, 38, 71-82.

若林上総・加藤哲文（2013）集団随伴性にパフォーマンス・フィードバックを組み合わせた介入
　の適用による発達障害のある高校生を含んだ学級への学業達成の支援. 行動分析学研究, 28,
　2-12.

涌井　恵（2013）学習障害等のある子どもを含むグループにおける協同学習に関する研究動向と
　今後の課題—通常の学級における研究・実践を中心に—. 特殊教育学研究, 51, 381-390.

*

〔本研究は，佐々木一圭・関戸英紀（2016）特殊教育学研究, 54（2）において発表された〕

♣ コメント

　本実践研究では，学習上や生徒指導上の問題で苦慮している生徒などが多数在籍している，高等学校定時制課程の数学の授業において，協同学習に相互依存型集団随伴性を組み合わせた介入を実施した。そして，当該生徒の授業参加行動の改善・授業中の問題行動の低減，および学級全体の学業達成の向上を目指した指導を行い，指導方法の妥当性について検討した。

　その結果，当該生徒に授業参加率の増加・問題行動の生起率の低減がみられ，学級全体の学業達成度にも影響を及ぼしたことが明らかになった。また，授業担当教員ならびに全生徒を対象とした介入受容性においても肯定的な評価を得ることができた。

　これらの結果から，相互依存型集団随伴性が学業達成度に影響を及ぼした可能性が，また協同学習が授業参加率の増加ならびに問題行動の生起率の低減に有効であり，しかも相互依存型集団随伴性と組み合わされることによってさらにその効果が増大することが示唆された。

　本実践研究の独自性は，クラスワイドな支援として，協同学習に相互依存型集団随伴性を組み合わせた介入を実施した点にある。しかも，その介入が，授業担当教員に負担をかけることなく，当該生徒の授業参加率の増加・問題行動の生起率の低減，ならびに学級全体の学業達成度に好影響を及ぼしたことは興味深い。

3章　まとめと今後の課題

関戸　英紀

1．学校種を問わず，問題行動に対してクラス（スクール）ワイドな支援の成果がみられている

問題行動に対して、幼稚園・小学校・高等学校においてクラスワイドな支援の成果が，また中学校においてはスクールワイドな支援の成果が，一定程度みられている。また，小学校においては，クラスワイドな支援から個別支援へという考え方の有効性を確認することができた。

さらに，幼稚園・小学校・高等学校において，学級内に問題行動を示す幼児児童生徒が複数名いた場合でも，担任に負担をかけることなく，支援が可能であることが明らかになった。中学校においても，スクールワイドな支援を行うことによって，問題行動の予防につながることが示唆された。

今後は，幼稚園から高等学校において実践事例を積み重ね，そこから得られた知見を蓄積していく必要がある。

2．クラスワイドな支援から個別支援への移行をどのような要件に基づいて行えばよいか

クラスワイドな支援から個別支援への移行をどのような要件に基づいて行うことが適切であるかについては，明らかにされていない。個別支援導入の好機を逸することのないよう今後は検討を行う必要がある。

3．グレイド（学年）ワイド・スクールワイドな支援に発展させるためには，どのような校内支援体制を構築すればよいか

今回，まだわが国ではほとんど研究報告がなされていない，中学校でスクールワイドな支援を行った実践研究を紹介した。前述したように，米国では3層モデルに基づいた実践が多くの学校でなされ，その成果が報告されているが，それをそのままわが国に導入する

にはさまざまな制約がある。しかしながら，どの学校・園においても，問題行動を示す幼児児童生徒への支援のあり方が重要課題の1つであると推察される。グレイドワイド・スクールワイドな支援に向けて、校（園）内支援体制をどのように構築していくかを検討することが，喫緊の課題であるといえよう。

4．獲得した行動を維持・般化させるために，連続強化から間欠強化への移行を強化スケジュールに組み込んだほうがよいか

学校や園においては，シールやスタンプ等の強化子，またある一定量の強化子を貯めることによって得られるバックアップ強化子を用いることに違和感を覚える教師もいる。一方，クラスワイドな支援によって獲得された行動が，進級したり，担任が替わったりしても維持・般化されるか否かについては，明らかにされていない。これらのことを勘案すると，連続強化から間欠強化への移行を，強化スケジュールに組み込むことが必要であるかどうかについての検討が求められる。

5．担任等の支援者にとって，負担にならないデータ収集の方法をどのように設定すればよいか

クラスワイドな支援は担任に負担をかけることなく、成果が期待できる支援方法であると考えられる。しかし，今回紹介した実践研究では，多くの場合，週に1日であるがアシスタントティーチャーとして学生がクラスに介入し，支援を行ったり，行動観察を行ったりした。今後，学生等の支援のない状態で，担任がデータ収集にも負担を感じることなく実践を遂行していくためには，どのような工夫が求められるかについても，検討を行っていく必要がある。

用 語 解 説

いかりをおろせ（Anchor the Boat）

　ローマンとタレリコは，次のような研究を行った。特別支援学級の壁にボートといかりの絵を 20 インチ（約 50cm）離して貼っておいた。そして，その学級の 4 年生と 5 年生の 10 名の児童が，「着席している」，「課題を完成させる」，「自分の番になったら話をする」という望ましい行動を実行できたときに，2 インチのクリップを 1 個与えた（相互依存型集団随伴性）。このクリップを 10 個集めてボートといかりがつながると，全員にプレゼント箱から欲しい物（バックアップ強化子）を与えた。この方法を，読書・国語・算数の時間に用いたところ，「自分の番になったら話をする」には有効であったが，他の 2 つの行動では有効であるとは言い切れなかった［Lohrmann & Talerico, 2004］。

インターバル記録法

　一定の観察時間をいくつかのインターバル（時間間隔；例えば，10 秒間隔ごとのインターバル）に細分し，それぞれのインターバル内に行動が生じたか，生じなかったかを記録する。最終的に，観察者は，1 つ 1 つの行動ではなく，行動の生じたインターバル数を数える。したがって，あるインターバルにおいて行動が生じた回数が 1 回でも 5 回でも，それは 1 回（生じた）としか記録されない。そのため，行動が生じた実際の回数は記録には表れない。インターバルが短いほど記録の正確さが増すため，通常，インターバルの長さは 30 秒以下である。なお，インターバルは，10 秒ごとにタイマーの音をイヤホンで聞くことなどによって知ることができる。

ABC デザイン

　チェインジングコンディションデザインとも呼ばれる。対象児の行動に及ぼす複数の介入の効果を検討するために用いられる。例えば，音読に及ぼす複数の教授条件の効果を測定するために，ベースライン → （A）モデリング → （B）モデリングと修正 → （C）モデリングと修正と下読み → プローブ、という実験デザインを用いた場合が，これにあたる。

オペラント行動

　行動分析の枠組みからは，人間の行動のほとんどのものはオペラント行動とレスポンデント行動の 2 つに分類することができる。オペラント行動は，歩く，話す，食べるなどの大部分の日常的な行動にあたる。レスポンデント行動は，瞳孔反射や唾液反射のようないわゆる反射的な行動がそれに該当する。しかし，「泣く」，「笑う」などその区分が難しい行動もある。

　そこで，当該の行動の出現や増減を決定する操作の形の定義が行われる。すなわち，その増減が当該の行動に随伴する結果事象によって影響を受けるものをオペラント行動，もっぱら当該の行動に先行する刺激事象によってその出現が決定されるものをレスポンデント行動と呼ぶ。

　例えば，赤ちゃんが泣いている場合，もっぱら腹痛や空腹によって泣いている場合は，その原因となる先行刺激を操作することで泣き止む。一方，泣くと親が抱くという結果事象が繰り

返されるうちに，親の顔を見ると泣き出すという「抱き癖」状態に陥る場合もある。この場合は，泣いてもすぐに抱かないようにする，という結果事象を操作することによって，次第に泣かなくなる。すなわち，前者の「泣き」はレスポンデント行動であり，後者の「泣き」はオペラント行動ということになる。

間欠強化

→「強化スケジュール」の項を参照。

強化

行動の将来の出現率を維持したり，増大させたりすること。例えば，子どもが宿題をやってきたときに，教師が褒める場合の「褒める」ことがこれにあたる。また，強化のために用いる刺激を強化子といい，先の例でいえば「褒め言葉」が強化子になる。

強化スケジュール

強化子（「強化」の項を参照）の提示をどのようなタイミングで行うかは，強化スケジュールという用語で表される。

正反応がみられるたびに強化子を提示することを連続強化スケジュールという。この場合，反応対強化の比率は1対1になる。反応に対して相対的に多くの強化が与えられ，その結果として反応率が高まってくる。したがって，連続強化スケジュールは，新しい行動を学習するときに有効である。

一方，正反応すべてではなく，そのうちの一部に対して強化子を提示することを間欠強化スケジュールという。例えば，3回の正反応ごとに強化される場合は，反応対強化の比率は3対1になる。間欠強化スケジュールで維持されている反応は，強化が除去されても，反応が消失しにくいといわれている。間欠強化スケジュールでは，強化を得るまでに多くの正反応が必要となる。対象児は，強化が遅れることを学び，正反応を長期間にわたって維持できるようになる。

事象記録法

一定の観察期間中に生じた行動や事象の回数や頻度を記録する。この記録法は，行動や事象が生じた回数をもっとも直接的かつ正確に反映する。そのために，行動や事象の開始と終結が明確な独立した行動に対して用いる。

ソーシャルスキルトレーニング

ソーシャルスキルとは，人が社会生活を営む上で必要な技能の総称であり，食事・排泄・衣服の着脱・移動などの基本的な生活能力，あるいは社会の信頼や他者の協力を得るために必要な高度なコミュニケーション能力など多岐にわたる。

ソーシャルスキルトレーニングは，ロールプレイによるイメージや行動のリハーサル，モニタリングやモデリングなど具体的な技法によって構成され，行動と認知の双方の変容と修正を図る目的で実施される。

タイムアウト

一定の定められた時間，強化を受ける機会を対象児に与えないようにすることで，不適切な行動を減少させる手続きである。例えば，授業中に身体的な攻撃行動を示す子どもを，一時的に教室から別室に移動させることなどが，これにあたる。

適用にあたっては，その不適切な行動が緊急性の高いものであることが関係者の間で共通理

解されている必要がある。また，タイムアウトの時間は，通常1〜5分が適当であるとされている。時間を長くとっても，効果が増すわけではないからである。

タイムサンプリング法

一定の観察時間をいくつかの時間間隔（例えば1分間隔ごとのインターバル）に細分し，インターバルの最後(前記の1分間隔ごとのインターバルでは60秒め)にのみ行動が生起したか，生起しなかったかを観察し，記録する。この場合，1〜59秒の間に行動が生起したとしても，それは無視する。時間間隔は，1分ごとにタイマーの音をイヤホンで聞くことなどによって知ることができる。タイムサンプリング法は，行動を長時間観察する場合に有効である。観察時(60秒め)と記録時（残りの59秒）が分けられているために，複数の観察者で観察した時の見落としが少なくなり，一致率が高くなる。

トークン

→「トークンエコノミーシステム」の項を参照。

トークンエコノミーシステム

学校場面では，強化子としてお金を使うことは現実的ではないので，トークンと呼ばれる代用貨幣が使われることが多い。トークンとしてシールやスタンプやポイントなどがよく用いられる。トークンは決められた行動に随伴して与えられ，ある一定量のトークンがたまると，好みの物や活動（バックアップ強化子）と交換できる。このような強化システムのことをトークンエコノミーシステムと呼ぶ。

トークンエコノミーシステムは，レスポンスコスト（「レスポンスコスト」の項を参照）と組み合わせて用いられる場合がある。

バックアップ強化子

ある一定量のトークン（「トークン」の項を参照）と交換される物や活動。例えば，ポイントを10ポイント集めると賞状がもらえる（休み時間に担任とサッカーができる）場合の「賞状（担任とサッカーができる）」がこれにあたる。

パフォーマンスフィードバック

これから行う行動を導くための，これまで行ったその行動についての評価や記録のことをいう。効果のあるフィードバックとするためには，「○○がここまでできるようになった」などの強化子が同時に提示されることが求められる。例えば，子どもに漢字テストの結果を折れ線グラフで示しながら，「80点取れるようになったね。次回は85点を取れるように頑張ろう」と対応する場合が，これにあたる。

プローブ期

介入（支援）終了後，ベースライン条件が再導入される期間。

ベースライン（base line: BL）期

介入を始める前の，自然な状態での標的行動の出現率を測定する期間。

弁別刺激

最初はその行動の生起に影響力をもたない，オペラント行動（「オペラント行動」の項を参照）に先立つ刺激が，その刺激のもとでその行動に強化子が与えられることによって，その後はその行動が生じる確率を高める働きをもつようになる。このような機能を獲得した刺激のことを

弁別刺激と呼ぶ。

| 弁 別 刺 激 | → | オペラント行動 | → | 強 化 子 |

　私たちの日常生活を振り返ると，このような弁別刺激にあたるものを無数に見いだすことができる。その代表的なものが交通信号であり，道路標識や駅でみられる案内表示板である。すなわち，もとより「青信号」と「進む」とは関連性がない。ところが，信号が青に変わる → 進む → 安全に道路を横断できる，ということを学習すると，私たちは青信号という弁別刺激があると進むようになる。慣れた環境でほとんど意識することなく目的地までたどり着けるのも，こうした行動に対する弁別刺激が日常生活の中で確立し，機能しているからである。

変数

　研究環境に関連した条件，あるいは研究にかかわる個人に固有の特性をいう。

Motivation Assessment Scale

　行動動機診断スケールともいう。デュランドとクリミンスによって開発された問題行動のもつ機能を査定するための尺度である。

　まず，1～16の項目に対して0点から6点までの得点を与える。次に，その結果を採点表に転記し，機能ごとに合計点を出す。その合計点を4で割って平均点を出し，平均点の高いものから順に1～4位までの順位をつける。その結果，1位になった機能が，その問題行動のもつ機能であると考えられる。（p.121 参照）

レスポンスコスト

　行動の出現に随伴して提示されていた強化子（「強化」の項を参照）を一定量除去することで，不適切な行動を減少させる手続きである。

　例えば，車を運転していて，スピード違反をしたときに罰金を取られると，私たちは制限速度を守るようになる。この場合，労働の対価であるお金が強化子であり，それを罰金として支払うことによって，スピード違反という不適切な行動が減ることになる。

レスポンデント行動

　→「オペラント行動」の項を参照。

連続強化

　→「強化スケジュール」の項を参照。

〔文献〕

Alberto, P. A. & Troutman, A. C. (1999) *Applied behavior analysis for teachers* （5th ed.）. Prentice Hall. Upper Saddle River, New Jersey.〔佐久間徹・谷晋二・大野裕史訳（2004）はじめての応用行動分析日本語版第2版．二瓶社〕

Durand, V. M. (1990) *Functional communication training：An intervention program for severe behavior problems.* Guilford Press, New York.

小出　進（1996）発達障害指導辞典．学習研究社．

Lohrmann, S., & Talerico, J. (2004) Anchor the Boat: A classwide intervention to reduce problem behavior. *Journal of Positive Behavior Interventions*, 6, 113-120.

用語解説　*121*

行動動機診断スケール

V. M. デュランド & D. B. クリミンス

児童生徒氏名 _____　　診断者 _____　　日時 _____

診断する行動 _____

環境・状況 _____

		なし	ごくたまに	ときどき	半分くらい	たいてい	ほぼいつも	いつも
		0	1	2	3	4	5	6
1	その行動は，児童生徒が長い間一人にされたら（例えば，数時間）何度も繰り返して起こりそうですか？							
2	その行動は，何か難しい課題をするように求められたときに起こりますか？							
3	その行動は，あなたが同室のほかの誰かに話をしているときに起こりやすいですか？							
4	その行動は，何か（おもちゃ，食べ物，活動など）を禁止されたときに，それを得ようとして起こりますか？							
5	その行動は，もし周りに誰もいなければ，同じ形で，とても長い間繰り返されますか？（例：体を前後に揺する）							
6	その行動は，当人に対して何かしら要求をしたときに起こりますか？							
7	その行動は，あなたがその児童生徒から注意をそらしたときに起こりますか？							
8	その行動は，好きなもの（おもちゃ，食べ物，活動など）を取り上げられたときに起こりますか？							
9	児童生徒は，その行動をするのを楽しんでいるように見えますか？（感覚的，味覚的，視覚的，嗅覚的，または聴覚的に）							
10	その行動は，あなたがその児童生徒に何かをやらせようとしたときに，あなたを困らせようとして行うように見えますか？							
11	その行動は，あなたがその児童生徒に注意を向けていないときに（例えば，別室にいる，別の人に接している），あなたを困らせようとして行うように見えますか？							
12	その行動は，児童生徒が欲しがっていたものを与えると，すぐに収まりますか？							
13	その行動が起きているとき，児童生徒は周りで何があっても半気で，それに気づかないように見えますか？							
14	その行動は，あなたが授業をやめたり，児童生徒に何かを求めるのをやめたすぐ後に（1〜5分後）収まりますか？							
15	児童生徒は，あなたをしばらく独占したいがために，それを行うように見えますか？							
16	その行動は，自分がやりたかったことをできないと告げられたときに起こるように見えますか？							

採　点　表

	自己刺激の獲得	逃避	注目の要求	物や活動の要求
	1.	2.	3.	4.
	5.	6.	7.	8.
	9.	10.	11.	12.
	13.	14.	15.	16.
合　　計				
平　均　点				
順　　位				

索　　　引

〔あ　行〕

アシスタントティーチャー（AT）　28, 34, 40, 41, 46, 47, 48, 50, 52, 53, 57, 58, 64, 70
アスペルガー障害　45, 62
いかりをおろせ　17, 117
一致率　36, 104
インクルーシブ教育（システム）　8, 93
インターバル記録法　35, 117
WISC-Ⅲ　28, 45
ABC デザイン　100, 117
応用行動分析（学）　13, 74
オペラント行動　26, 117

〔か　行〕

介入厳密性　108
介入受容性　110
学習障害（LD）　26, 97
学習のユニバーサルデザイン（UDL）　73, 74, 83, 91, 94
間欠強化　42, 116, 118
基礎的環境整備　8, 93
機能的アセスメント　5, 7, 13, 27, 36, 44, 50, 60, 62, 65, 74
9 歳の壁　111
Q-U 学習満足度尺度　89, 94
強化　4, 17, 21, 22, 31, 118
強化子　13, 42, 109, 116
強化システム　26, 27
強化スケジュール　42, 116, 118
協同学習　97, 98, 100, 101, 102, 106, 108, 109, 110, 111, 113
クラスワイドソーシャルスキルトレーニング

（CSST/CWSST）　27, 28, 31, 32, 33, 34, 35, 36, 38, 40, 42, 44, 74, 75, 86, 91
クラスワイドな支援　3, 4, 11, 13, 14, 2, 22, 23, 24, 45, 48, 58, 60, 62, 64, 65, 73, 95, 111, 113, 115, 116
高機能広汎性発達障害（児）　26, 42
高機能自閉症　26, 41
校内委員会　96
広汎性発達障害（児）　26, 27, 28, 41, 43
合理的配慮　8, 93

〔さ　行〕

三項随伴性　77
3 層モデル　2, 115
自己強化　60
自己刺激　48
自己内部の刺激（感覚）　5, 29
事象記録法　17, 118
自閉症スペクトラム障害（児）　14, 22, 24, 74
社会的妥当性　19, 21
集団随伴性　4, 5, 13, 14, 17, 21, 22, 23, 24, 97, 109
　依存型——　4, 13
　相互依存型——　4, 13, 14, 17, 21, 24, 70, 72, 96, 98, 108, 109, 110, 111, 113
　非依存型——　4, 13, 14, 17, 21, 24, 48, 72, 96
巡回指導　41, 42
障害者差別解消法　8
スクールカウンセラー　99
スクールスタンダード　76, 77
スクールワイドな支援　95, 115
ソーシャルスキルトレーニング（SST）　26, 27, 67, 72, 86, 118

索　引　123

〔た　行〕

代替行動　　7, 27, 31, 50, 52, 65
タイムアウト　　26, 118
タイムサンプリング法　　17, 102, 119
対立行動分化強化　　110
多動性－衝動性　　1
注意欠如多動性障害（ADHD）　　26, 41, 74
注目の要求（注目）　　5, 29, 48, 50, 59
t 検定　　104
逃避　　5, 7, 29, 48, 50, 59
トークン　　26, 119
トークンエコノミーシステム　　27, 42, 44, 74, 119
特別支援教育コーディネーター（コーディネーター）　　46, 53, 96

〔な　行〕

2 層モデル　　3
乳幼児発達スケール　　14
望ましい行動　　7

〔は　行〕

バックアップ強化子　　23, 34, 40, 52, 56, 60, 119
発達障害　　1, 14, 15, 77, 96, 97, 98

パフォーマンスフィードバック　　96, 111, 119
般化　　27
標的行動　　15, 16, 17, 19, 22, 27, 47, 58
不注意　　1
負の副次的効果　　13, 17, 22
プローブ期　　16, 17, 20, 22, 55, 56, 59, 60
ベースライン期（BL 期）　　16, 20, 22, 36, 38, 40, 54, 100, 104, 105, 108, 119
変数　　42, 74, 119
弁別刺激　　59, 60, 119

〔ま　行〕

Motivation Assessment Scale（MAS）　　29, 48, 120
物や活動の要求（要求）　　5, 29, 48

〔や　行〕

ユニバーサルプログラム（UP）　　74, 75, 83, 91, 95

〔ら　行〕

レスポンスコスト　　26, 120
レスポンデント行動　　26, 120
連続強化　　42, 116, 120

執筆者紹介 （執筆順）

関戸 英紀 （せきど・ひでのり）　　　　1章，3章
編者紹介を参照

大多和 亮介 （おおたわ・りょうすけ）　　2章1
まこと幼稚園

興津 富成 （おきつ・とみなり）　　　　2章2
神奈川県立小田原養護学校

田中　基 （たなか・もとい）　　　　　2章3
葉山町立上山口小学校

安田 知枝子 （やすだ・ちえこ）　　　　2章4
横須賀市立養護学校

江村 大成 （えむら・ひろなり）　　　　2章5
新潟市立下山中学校

長澤 正樹 （ながさわ・まさき）　　　　2章5
新潟大学教育学部

佐々木 一圭 （ささき・いっけい）　　　2章6
神奈川県教育委員会

編者紹介

関戸英紀（せきど　ひでのり）

1956年　石川県生まれ
1980年　早稲田大学第一文学部文芸専修卒業
1982年　横浜国立大学大学院教育学研究科障害児教育専攻（修士課程）修了。横浜市立の中学校・養護学校，横浜国立大学教育学部附属養護学校を経て，
1996年　横浜国立大学教育学部講師
現　在　横浜国立大学教育人間科学部教授　博士（教育学），臨床発達心理士，学校心理士
主　著　『自閉症児に対する日常の文脈を用いた言語指導』
　　　　『スクリプトによるコミュニケーション指導』（共編著）
　　　　『はじめての特別なニーズ教育』（共著）
　　　　『こうすればできる：問題行動対応マニュアル』（共著）
　　　　『スクリプトによる社会的スキル発達支援』（共編著）
　　　　『社会的ライフスキルを育む』（共編著）以上，川島書店
　　　　『新・特殊教育概論』（共著）
　　　　『教育心理学入門』（共著）
　　　　『教育のバリアフリー』（共訳）以上，八千代出版
　　　　『日常診療で出会う発達障害のみかた』（共著）中外医学社
　　　　など。

問題行動！　クラスワイドな支援から個別支援へ
　　　―インクルーシブ教育システムの構築に向けて―

2017 年 2 月 1 日　第 1 刷発行

編　者　関　戸　英　紀

発行者　中　村　裕　二

発行所　㈲ 川　島　書　店

〒 165-0026
東京都中野区新井 2-16-7
電話 03-3388-5065
（営業・編集）電話 048-286-9001
FAX 048-287-6070

© 2017
Printed in Japan　　印刷・三光デジプロ／製本・平河工業社

落丁・乱丁本はお取替いたします　　　　振替・00170-5-34102

＊定価はカバーに表示してあります

ISBN978-4-7610-0917-5　C3011

こうすればできる：問題行動対応マニュアル

長澤正樹・関戸英紀・松岡勝彦 著

ADHD・LD・高機能自閉症・アスペルガー障害の理解と支援。学校を中心として教育委員会―福祉―医療―産業現場―大学等がいかに連携・協働して支援をしていくかを実践例により紹介し，応用行動分析学をバックボーンに指導技法や支援の方法を解説していく。★ A5・224頁　本体 2,200円
ISBN 978-4-7610-0822-2

LD・ADHD〈ひとりでできる力〉を育てる 改訂増補版

長澤正樹 編著

特別な教育的ニーズのある子どもが〈自分でできる〉という自己肯定感を高め，自分自身でものごとを解決する力を育てる有効な指導・支援の方法をわかりやすく解説。個別教育計画の作成方法から評価までを紹介。自己決定・自己解決を中心に改訂し新情報を増補。★ A5・268頁　本体 2,400円
ISBN 978-4-7610-0838-3

学習につまずきのある子の地域サポート

金谷京子・納富恵子・伊東政子・中山健・吉田ゆり・緒方明子・山根律子 共著

子ども自身のかかえるリスクと本人の意思にかかわらず起きる環境の問題を分析し，子どもたちを理解し援助していく手立てについてわかりやすく解説。地域でできるサポートについて提案する LD・ADHD・広汎性発達障害児の援助の書。　　　　　　★ A5・186頁　本体 1,800円
ISBN 978-4-7610-0738-6

LD児の認知発達と教育

高山佳子 著

LD児についての概論書のかたちをとりながら，その発達の偏りを認知心理学的視点からわかりやすく解説。さらに指導の実際として LD児の基本的な障害である "聞く，話す，読む，書く，計算する" について具体的に例示していく個別教育計画のための基本書。★ A5・180頁　本体 2,300円
ISBN 978-4-7610-0653-2

LD児の指導法入門

鈴村健治・佐々木徳子 著

出現率約 2.3％，小学校の各クラスに1人はいるといわれる LD児の治療教育のすすめ方を，子どもについての基礎資料や指導の手掛りとしての特徴を紹介し，具体的な指導法とその検討を解説していく。親，先生，指導員のためのガイドブック。　　　　　　★ A5・186頁　本体 1,800円
ISBN 978-4-7610-0473-6

川 島 書 店

http://kawashima-pb.kazekusa.co.jp/ （価格は税別 2016年12月現在）

スクリプトによる社会的スキル発達支援

長崎勤・宮﨑眞・佐竹真次・関戸英紀・中村晋 編著

軽度発達障害児の社会性の特徴と身につけさせたい社会的スキルを整理し，アセスメントの進め方，スクリプト（生活の型・生活のスタイル）による支援の方法・技法を解説し，指導の実践研究と35例のスクリプト集によりその実際を紹介する有効な指導書。　★A5・274頁 本体2,800円

ISBN 978-4-7610-0841-3

社会的ライフスキルを育む

吉井勘人・長崎勤・佐竹真次・宮﨑眞・関戸英紀・中村晋
亀田良一・大槻美智子・若井広太郎・森澤亮介 編著

発達障害の人たちの社会参加に向けた社会的ライフスキルの活用を，生活に必要なソーシャルスクリプトの獲得によって，生活の豊かさ（QOL）や暮らしの再構築の実現を目指す発達支援の書。インクルーシブ教育に向けて，明日の支援に活かすガイドブック。　★B5・152頁 本体2,000円

ISBN 978-4-7610-0906-9

イラスト・まんが教材で「気持ち」を理解

納富恵子・今泉佳代子・黒木康代 編著

自閉症スペクトラム児の発達を支援するために作成された〈イラスト・まんが教材〉の解説書。「感情の気づき」を促す教材の活用により，子ども自身・支援者が共に「何に困っているのか」に気づくことができるようになる。自己理解を促す支援に有効なツールの紹介。　★A5・170頁 本体2,000円

ISBN 978-4-7610-0843-7

イラスト・まんが教材で「気持ち」を理解 教材・記録用紙セット

納富恵子 監修/オフィスぷらんぷらん制作

セット内容（1セット）：
〔教材〕□イラストワークシート20枚□まんがワークシート19枚（16課題）□表情サンプル　〔記録用紙〕□フェイスシート□記録シート（イラスト用／まんが用）□支援者用記録シート　★A4 本体1,200円

マンガでまなぶ気持ちの理解

佐竹真次 編著/大井明子・斎藤丈寛 著

広汎性発達障害児への4こまマンガによる感情語表出支援。自分の中には感情があり，感情は名づけることができ，感情をことばで表現すると気持ちを他人にわかってもらえる。それがわかりできるように，感情を「ことばにすることを練習する」ためのワークブック。　★A4・118頁 本体2,000円

ISBN 978-4-7610-0863-5

川 島 書 店

http://kawashima-pb.kazekusa.co.jp/ （価格は税別 2016年12月現在）

自閉症児に対する日常の文脈を用いた言語指導

関戸英紀 著

自閉症児者に対する言語・コミュニケーション指導とその般化について，日常の文脈を用いた指導法である「機会利用型指導法」，「共同行為ルーティンを用いた指導法」に基づく6つの実践研究を紹介し，その支援の有効性を検討，般化の重要性を指摘する。　★A5・152頁 本体2,800円
ISBN 978-4-7610-0911-3

よくわかる臨床心理学・第二版

山口創 著

「幼児虐待」「いじめ」「DV」「ストーカー」「アダルトチルドレン」など今日話題なっている心の問題に起因する多くの事例・トピックスをとりあげ，その研究成果を提供する。科学的な臨床心理学の必要性を提起する新しい臨床心理学のテキスト・入門書。　★A5・212頁 本体2,200円
ISBN 978-4-7610-0914-4

新版 身体心理学

春木豊・山口創 編著

心の形成やメカニズムの理解，心の育成の方法を考えるための新しい研究領域を提起する本書は，心理学のみならず，生理学，教育学，哲学，体育学など多岐にまたがる分野において，身体に視座を据えた，人間理解への新たな方法を提供する研究書。　★A5・306頁 本体3,500円
ISBN 978-4-7610-0912-0

脱マニュアルのすすめ

伊藤進 著

マニュアルの弊害を極力抑え，誰もが創造力を発揮できるようにするにはどうしたらよいか？　本書では今日のマニュアル時代の文脈に位置づけて創造力の重要性をとらえ直し，それを発揮するにはどうしたらいいか，その逆説的方法を説く。　★四六・228頁 本体1,800円
ISBN 978-4-7610-0908-3

はじめての ナラティブ/社会構成主義キャリア・カウンセリング

渡部昌平 著

本カウンセリングは，これまでの過去・現在に対する意味づけから未来を想像するというスタイルを脱構築し，クライエントのナラティブを引き出して，望ましい未来から現在・過去を再構築する，未来志向の新しいカウンセリング論。　★A5・116頁 本体1,600円
ISBN 978-4-7610-0910-6

川 島 書 店

http://kawashima-pb.kazekusa.co.jp/ （価格は税別 2016年12月現在）